Zivilprozesse

für den Rechtsunterricht,

insbesondere

für die Referendarübungen,

bearbeitet von

Rudolf Schneider,

Landrichter.

Berlin 1914.

J. Guttentag, Verlagsbuchhandlung,

G. m. b. H.

Vorwort.

Die folgende Sammlung von Zivilprozessen ist aus der Anwendung einer Unterrichtsmethode entstanden, auf welche die Allgemeine Verfügung des preußischen Justizministers vom 3. Juli 1912 über die ständigen Übungen der Referendare (JMBl. S. 212) hinweist, indem sie die Ausbildung der Referendare im freien Vortrage eines Prozeßbevollmächtigten fordert. Es sind Prozesse, die wirklich stattgefunden haben; Namen, Zeit und Ort sind aber geändert, und der Prozeßstoff ist durch Weglassung des für den Lehrzweck Entbehrlichen unter Wahrung der Eigenart des Falles vereinfacht. Rechtsausführungen sind selten übernommen, die häufigen Mängel der Prozeßschriftsätze (fehlerhafte Anordnung, Unklarheiten, Mängel der Anträge, des Beweiserbietens) sind beibehalten, die Formalien (Ladungen usw.) zur Kürzung fortgelassen.

Die so bearbeiteten Prozesse lasse ich in den Referendarübungen in den Formen des Landgerichtsprozesses mündlich verhandeln, nachdem drei Tage vorher alle Teilnehmer ein Exemplar des Falles erhalten haben, und drei Referendare zu Richtern, zwei zu Anwälten bestellt worden sind. An die Verkündung der Entscheidung schließt sich meine Kritik. Die schriftliche Ausarbeitung der Urteile unterbleibt, soweit nicht die Unterweisung in der Abfassung von Urteilen in Frage kommt.

Diese Unterrichtsmethode hat sich nach meiner Ansicht gut bewährt (vgl. Küttner und Schwickerath, DJZ. 1906 S. 1343; 1908 S. 553; 1910 S. 172). Da die Bearbeitung der Prozesse und die Vervielfältigung erhebliche Mühe und Kosten verursacht, will ich mit dieser Veröffentlichung versuchen, die hier geleistete Arbeit für weitere Kreise zu verwerten. Im Gegensatz zu den „Prozeßfällen" von Wagner-Wolff (Berlin, Leipzig 1911), die mit der mündlichen Verhandlung schließen, sind die Rechtsfälle dieser Sammlung erst bis zur mündlichen Verhandlung gediehen.

Das Inhaltsverzeichnis gibt naturgemäß nur eine ganz grobe Einteilung. Die Hinweise auf die Rechtsgebiete können als eine Unterstützung bei der Bearbeitung des Falles kaum gelten.

Glatz, im Dezember 1913.

Rudolf Schneider.

Inhalt.

I. Allgemeiner Teil.

II. Recht der Schuldverhältnisse.

III. Sachenrecht.

IV. Familienrecht.

V. Erbrecht.

VI. Besondere Gesetze.

I. Allgemeiner Teil.

Fall 1.

Goldmann gegen Tischlerinnung.

Klage

des Buchhändlers R. Goldmann in Breslau Schuhbrücke 25
gegen
die Tischlerinnung in Landeck, vertreten durch den
Obermeister August Faulhaber in Landeck,
wegen Kaufpreises.

Glatz, am 1. Mai 1912.

Der Kläger beantragt,

die Beklagte zu verurteilen, 58 ℳ 25 ₰ und 4 Hundertstel Zinsen seit dem 5. Februar 1912 an den Kläger zu zahlen, die Kosten des Rechtsstreits der Beklagten aufzulegen und das Urteil für vorläufig vollstreckbar zu erklären.

Die Beklagte bestellte durch ihren Obermeister Faulhaber am 15. Januar 1912 bei dem Kläger mehrere Vorlagenwerke und Zeichnungen zur Ansicht, um sie für ihre Bibliothek anzukaufen. Es wurden ihr daraufhin am 20. Januar 1912 die in der anliegenden Rechnung aufgeführten Werke im Gesamtwerte von 57 ℳ 50 ₰ durch die Post zugesandt. Der Sendung lag ein auffälliger roter Zettel bei, welcher folgenden Aufdruck trug:

Sorgfältig verpacken!

Auswahlsendungen werden nur auf Verlangen gemacht, und wird alles nicht innerhalb 14 Tagen frei und in untadelhaftem Zustande Zurückgesandte als festbehalten angesehen und bar erhoben. Bei Zahlungsverweigerung wird vor Gericht diese Notiz als bindend erachtet. Erfüllungsort ist Breslau. Zahlungen sind nur nach Breslau zu senden ohne jeden Abzug.

Die Beklagte hat die Werke innerhalb der gesetzten Frist nicht zurückgesandt. Der Kläger hat deshalb in einer Postkarte vom 5. Februar 1912 auf den Ablauf der Frist hingewiesen und Bezahlung des Kaufpreises von der Beklagten gefordert, diese weigert sich aber zu zahlen. Rechtsanwalt A.

Anlage.

Rechnung
der Gewerbebuchhandlung R. Goldmann in Breslau, Schuhbrücke 25
für
die Tischlerinnung in Landeck.

1912
20. Januar

1	Schlafzimmer	10,00 ℳ
1	Herrenzimmer	8,00 „
1	Schlafzimmer II	8,00 „
1	Wohnzimmer	8,00 „
1	Küche	7,00 „
1	Schierich, Mod. Möbel	10,00 „
1	Innendekoration	2,50 „
1	Bauformen I	4,00 „
	Porto und Einschreiben	0,75 „
		58,25 ℳ

Zur gefl. Ansicht!

Klagebeantwortung.

Glatz, am 16. Mai 1912.

Die Beklagte beantragt,

die Klage abzuweisen, die Kosten des Rechtsstreits dem Kläger aufzulegen und das Urteil für vorläufig vollstreckbar zu erklären, im Falle der Verurteilung der Beklagten aber ihr nachzulassen, die Zwangsvollstreckung durch Sicherheitsleistung abzuwenden.

Der Klaganspruch ist unbegründet, weil ein Kauf zwischen den Parteien überhaupt nicht zustande gekommen ist, und der Kläger deshalb nicht berechtigt war, der Beklagten eine Frist zu setzen.

Zum mindesten war die Frist von 14 Tagen zu kurz bemessen. Als der Obermeister Faulhaber den Reisenden des Klägers ersuchte, der Innung Vorlagenwerke zur Ansicht zu senden, hat er ausdrücklich hervorgehoben, daß er allein zur Bestellung nicht befugt sei, sondern die Werke erst einer Kommission zur Prüfung vorlegen müsse.

Beweis: Zeugnis des noch zu benennenden Reisenden.

Sodann war bei Eintreffen der Sendung der Obermeister Faulhaber erkrankt. Das Paket blieb infolgedessen uneröffnet bei Faulhaber liegen und wurde erst Ende Januar an den Stellvertreter des Obermeisters, den Tischlermeister Karl Tautz in Landeck, weitergegeben. Erst jetzt beim Öffnen des Pakets erhielt die Beklagte von dem roten Zettel, der in dem Pakete lag, und von der Fristsetzung Kenntnis. Hätte der Kläger den Zettel nicht unsachgemäß in dem Pakete mitgesandt, sondern die Faktura nebst dem Zettel in einem besonderen Briefe der Beklagten zugeschickt, so würde die Beklagte von der Fristsetzung rechtzeitig Kenntnis erlangt haben. Daß in dem Pakete eine für ihr Rechtsverhältnis zum Kläger wichtige Mitteilung enthalten sei, brauchte die Beklagte nicht anzunehmen. Tautz hat alsdann am 7. Februar 1912 die Sendung zurückgeschickt und das anliegende Schreiben beigefügt.

Beweis: Zeugnis des Tautz.

Rechtsanwalt B.

Anlage.

Landeck, am 7. Februar 1912.

An R. Goldmanns Gewerbebuchhandlung in Breslau.

Ich schicke Ihnen anbei das Paket mit der Ansichtssendung zurück mit dem Bemerken, daß wir von der Innung aus nichts davon behalten können. Bis heut konnten wir noch keine Sitzung der Innung anberaumen, und es lohnt nicht, wegen dieser Auswahlsendung die ganze Innung zusammenkommen zu lassen. Ihre Bestimmungen, die Sie auf die Ansichtsrechnung geklebt haben, können Sie wohl für die Innung nicht in Anwendung bringen, da Herr Faulhaber das Paket erst vor etwa 7 Tagen an mich gesandt hat, und ich weiß von einer Bestellung dieser Ware nichts.

Soeben wird mir von einem Boten des Herrn Faulhaber Ihre Postkarte vom 5. d. M. überbracht, worauf ich Ihnen das Paket sofort franko zurücksende.

Hochachtend

Karl Tautz,
Stellvertreter des Obermeisters.

Entgegnung des Klägers.

Glatz, am 8. Juni 1912.

Es ist nicht ausgeschlossen, daß Faulhaber zu dem Reisenden des Klägers, Viktor Holländer, gesagt habe, die Vorlagen und Bücher müßten einer Kommission vorgelegt werden; Holländer weiß sich hierauf nicht mehr zu besinnen. Aber dies ist unerheblich. Die Frist von 14 Tagen war in jedem Falle angemessen. Eine besondere Sitzung der Innung zum Zwecke der Prüfung war nicht erforderlich, die Vorlagen und Bücher konnten innerhalb der Frist den einzelnen Mitgliedern zugesandt werden. Die Rücksendung am 7. Februar war daher verspätet, und der Kläger hat deshalb die Annahme des Pakets verweigert.

Rechtsanwalt A.

Erwiderung der Beklagten.

Glatz, am 2. Juli 1912.

Selbst wenn das Paket verspätet zurückgesandt worden wäre, würde die Unterlassung nicht gegen die Beklagte wirken. Denn § 31 der Satzung der Beklagten lautet:

> Der Vorstand vertritt die Innung nach außen in allen gerichtlichen und außergerichtlichen Verhandlungen.
>
> Schriftliche Willenserklärungen des Vorstandes müssen im Namen desselben ausgestellt und von dem Vorsitzenden (Obermeister) oder dessen Stellvertreter und einem zweiten Vorstandsmitgliede unterschrieben sein. Eine in dieser Form ausgestellte Erklärung gilt als eine die Innung verpflichtende Willenserklärung des Vorstandes.
>
> Die Vorstandsmitglieder dürfen indessen bei eigener Verantwortung eine solche Erklärung nur auf Grund eines vorschriftsmäßig gefaßten Vorstandsbeschlusses ausstellen.

Beweis: Vorlegung der Satzung der Tischler-Zwangsinnung in Landeck vom 19. März 1899.

Rechtsanwalt B.

Fall 2.

Gerber gegen Meisel.

Klage
der Firma Johann Gerber in Chemnitz i. Sa.
gegen
die Firma Möbelfabrik Oskar Meisel in Glatz
wegen Kaufpreises.

Glatz, am 15. September 1912.

Die Klägerin beantragt,

die Beklagte zu verurteilen, an die Klägerin 4 ℳ 20 ₰ zu zahlen, die Kosten des Rechtsstreits der Beklagten aufzulegen und das Urteil für vorläufig vollstreckbar zu erklären.

Die Klägerin lieferte der Beklagten auf Bestellung die in der anliegenden Rechnung verzeichneten Waren.

Beweis: Die Handelsbücher der Klägerin.

Die Beklagte schuldet auf den Rechnungsbetrag noch 4 ℳ, die sie nicht bezahlen will, obwohl die Klägerin sie nach Fälligkeit zweimal gemahnt hat.

Beweis: Die von der Beklagten vorzulegenden Briefe der Klägerin vom 31. Mai und 30. Juni 1912.

Die Klägerin fordert von der Beklagten auch Ersatz der Portokosten dieser beiden Mahnbriefe, die 20 ₰ betragen.

Rechtsanwalt A.

Anlage.

Rechnung
der Firma Johann Gerber in Chemnitz i. Sa.
für
die Firma Möbelfabrik Oskar Meisel in Glatz i. Schl.

Chemnitz, am 10. September 1912.

1911		
Juli 12.	An per Post	
	677/10 487/31 Coteline Super	
	7,— m 3,75 m = 10,75 m à 2,65	ℳ 28,50
Juli 19.	An per Post	
	950/22 olive Coteline Extra Prima	
	12,70 m à 2,65	„ 33,65
	Übertrag:	ℳ 62,15

		Übertrag:	ℳ 62,15
Juli 21.	An per Bahn		
	594/90 Cotel. super 58,50 m		
	729/10 do. 61,20 „		
	119,70 m à 2,65		„ 317,20
			ℳ 379,35
1912			
Februar 7.	Per Akzept pr. 30/4. 1912		ℳ 375,35
			ℳ 4,00
		Mahnporti	20

Klagebeantwortung.

Glatz, am 25. September 1912.

Die Beklagte beantragt,

die Klage abzuweisen, der Klägerin die Kosten des Rechtsstreits aufzulegen und das Urteil für vorläufig vollstreckbar zu erklären, im Falle der Verurteilung aber der Beklagten nachzulassen, die Zwangsvollstreckung durch Sicherheitsleistung abzuwenden.

Die Beklagte hatte von dem Sofabezuge Dessin 487 Farbe 31 ein ganzes Stück bestellt, das etwa 50 bis 55 m enthält, die Klägerin hat aber nur einen Rest von 3,75 m geliefert. Die Beklagte nahm an, daß der fehlende Stoff nachgesandt werden würde, und verarbeitete das gelieferte Stück zum Beziehen eines Diwans. Der Stoff reichte aber nicht aus, es fehlte noch der Bezug für die Armlehnen. Als nun die Beklagte um Lieferung des Restes des bestellten Stückes ersuchte, erhielt sie von der Klägerin anliegenden Brief vom 19. Juli 1911, worin die Klägerin schrieb, daß sie von dem Stoff 487/31 nichts mehr liefern könne. Die Beklagte mußte nun von dem nahezu fertigbezogenen Diwan den Bezug wieder abnehmen und konnte diesen Bezug nur als Rest behandeln und zu Fußbänken verwenden. Hierdurch sind ihr mindestens 4 ℳ Unkosten entstanden.

Beweis: Zeugnis des Werkmeisters Alfons Schützler in Glatz.

Die Beklagte hat daher mit Recht 4 ℳ von dem Rechnungsbetrage der Klägerin gekürzt. Hätte die Klägerin sofort der Beklagten mitgeteilt, daß sie ein ganzes Stück Nr. 487/31 nicht mehr liefern könne, so hätte die Beklagte den gelieferten Coupon der Klägerin sofort zur Verfügung gestellt. Rechtsanwalt B.

Anlage.

Chemnitz i. Sa., am 19. Juli 1911.

Herrn Oskar Meisel in Glatz.

Auf Ihre Postkarte vom 17. d. M. beehren wir uns zu erwidern, daß wir von Stoff 487/31 nur noch 3,75 m auf Lager hatten. Den Stoff stellen wir nicht mehr her, da seine Fabrikation nicht gewinnbringend ist. Wir hatten Ihnen daher auf unserer Faktura vom 12. Juli 1911 auch nicht die Zusendung weiteren Stoffes in Aussicht gestellt, vielmehr sofort den Betrag über die gelieferten 3,75 m ausgeschrieben. Wir bedauern daher, Ihrem geschätzten Auftrage vom 17. d. M. nicht nachkommen zu können.

Hochachtend

Johann Gerber.

Entgegnung der Klägerin.

Glatz, am 9. Oktober 1912.

Der Abzug der Beklagten ist ungerechtfertigt.

Richtig ist zwar, daß die Klägerin der Beklagten auf ein bestelltes ganzes Stück nur einen Rest von 3,75 m gesandt hat. Der Grund hierfür ist in dem Briefe der Klägerin vom 19. Juli 1911 wahrheitsgemäß angegeben. Die Klägerin hat der Beklagten den noch vorhandenen Rest des bestellten Stoffes gesandt in der Annahme, daß die Beklagte diesen Rest würde verwenden können. Wozu die Beklagte den Stoff brauchte, wußte die Klägerin nicht.

Beweis: Zeugnis des Prokuristen der Klägerin Max Schreiber in Chemnitz.

Die Beklagte hat sich den ihr entstandenen Schaden selbst zuzuschreiben. Wenn sie die Teillieferung nicht annehmen wollte, mußte sie vor der Verarbeitung bei der Klägerin anfragen. Der Sendung lag eine Faktura bei, aus der klar ersichtlich war, daß von dem Stoff 487/31 nur 3,75 m geliefert wurden. Im übrigen ist der Unterschied zwischen 50 m und 3,75 m so bedeutend, daß er der Beklagten nicht entgehen konnte.

Drei Postkarten der Beklagten werden als Anlagen beigefügt. Die Klägerin hat dem Abzuge der 4 ℳ sofort widersprochen.

Rechtsanwalt A.

1. Anlage.

Glatz, am 10. Juli 1911.

Herrn Johann Gerber in Chemnitz.

Senden Sie uns gefl. umgehend

1 Stück Coteline Dessin 487 Farbe 31 grün.

Wo bleibt die am 27. Juni bestellte Sendung? Lieferung eilt und bitten um schnellste Effektuierung.

Hochachtend

Oskar Meisel.

2. Anlage.

Glatz, am 17. Juli 1911.

Herrn Johann Gerber in Chemnitz.

Mit dem uns gesandten grünen Coupon 3,75 m für ein Sofa langen wir nicht. Wir benötigen für ein Diwangestell 4,50 m Stoff und bitten um umgehende Lieferung des ganzen Stückes oder wenigstens um Zusendung von noch 50 cm dieses Stoffes.

Hochachtend

Oskar Meisel.

3. Anlage.

Glatz, am 24. Juli 1911.

Herrn Johann Gerber in Chemnitz.

Wir erhalten heute Ihre Postsendung vom 19. d. M. und sind nicht wenig erstaunt, daß Sie zu dem uns gesandten Coupon Coteline Nr. 487/31 nicht die noch fehlenden 50 cm nachliefern können. Wir kommen nun deswegen in große Verlegenheit, da das Sofa bis auf die Armlehnen fertig bezogen ist. Wir müssen nunmehr den ganzen Bezug wieder abnehmen und von dem am 19. d. M. gesandten Stoff dazu verwenden. Hierdurch entstehen uns mindestens 4 ℳ Spesen, die wir durch Ihr Verschulden erleiden. Wir werden uns gestatten, diesen Betrag von Ihrer Rechnung zu kürzen, und bemerken nebenbei, daß wir für die Zukunft nur so viel Stoff haben wollen, wie wir bestellen.

Wir bitten um konforme Buchung und zeichnen

hochachtend

Oskar Meisel.

Erwiderung der Beklagten.

Glatz, am 18. Oktober 1912.

Die Klägerin hat den der Beklagten entstandenen Schaden dadurch verschuldet, daß sie der Sendung vom 12. Juli lediglich die Faktura beigelegt hat, ohne der B. mitzuteilen, daß sie von dem Stoff 487/31 nur noch den übersandten Rest liefern könne. Ohne diese Mitteilung durfte die Beklagte annehmen, daß es sich um eine Teillieferung handeln und das Fehlende nachgesandt werden würde. Die Klägerin dagegen konnte nicht erwarten, daß die Beklagte sich mit dem gesandten Coupon an Stelle des bestellten ganzen Stücks begnügen würde. Rechtsanwalt B.

Fall 3.

Bausset gegen Richter.

Klage

des Sprachlehrers Louis Bausset in Breslau
gegen
den Postsekretär Max Richter in Glatz
wegen Unterrichtshonorars.

Glatz, am 10. Mai 1912.

Der Kläger beantragt,

den Beklagten zu verurteilen, an den Kläger 40 ℳ und 4 Hundertstel Zinsen seit dem 14. April 1912 zu zahlen, die Kosten des Rechtsstreits dem Beklagten aufzulegen und das Urteil für vorläufig vollstreckbar zu erklären.

Die Ehefrau des Beklagten hat in dessen Auftrage am 29. März 1911 das Enkelkind Margarete Hornig zur Sprachenschule des Klägers für einen achtmonatigen Kursus zum Unterricht in der französischen Sprache angemeldet. Das Honorar betrug 8 ℳ monatlich.

Beweis: Die anliegende Urkunde und Zeugnis der Ehefrau des Beklagten.

Der Beklagte hat bisher nur 24 ℳ Unterrichtshonorar gezahlt und auf die briefliche Mahnung vom 13. April 1912 sich geweigert, den Rest von 40 ℳ zu zahlen. Rechtsanwalt A.

Anlage.

Glatz, am 29. März 1911.

Ich, der Unterzeichnete, nehme einen Kursus von 8 Monaten in Sprachenschule (Lokale Direktion des Herrn L. Bausset) unter folgenden Bedingungen: Honorar 64 ℳ. Sprache: Französisch. Anfang des Kursus: 29. März 1911. Ende: Nach 8 Monaten. Anzahl der wöchentlichen Stunden: 2 in einer Klasse von 6 Schülern. Zu bezahlen in 8 monatlichen Raten von 8 ℳ, erste Rate am 29. März 1911, jede andere am 29. jedes Monats.

Ich erkenne obenstehende Bedingungen an

Unterschrift: Marie Richter
Adresse: Glatz

Klagebeantwortung.

Glatz, am 20. Mai 1912.

Der Beklagte beantragt,

die Klage abzuweisen, die Kosten des Rechtsstreits dem Kläger aufzulegen und das Urteil für vorläufig vollstreckbar zu erklären, im Falle der Verurteilung aber dem Beklagten nachzulassen, die Zwangsvollstreckung durch Sicherheitsleistung abzuwenden.

Die Ehefrau des Beklagten hat das Enkelkind ohne Wissen und gegen den Willen des Beklagten zur Schule des Klägers angemeldet. Der Beklagte hat von der Teilnahme des Kindes an dem Sprachunterricht erst nach etwa 6 Wochen erfahren und seiner Ehefrau seine Mißbilligung ausgesprochen. Margarete Hornig hat im ganzen nur 3 Monate die Schule des Klägers besucht; der Schulbesuch wurde alsdann abgebrochen, weil es dem Kinde an der erforderlichen Fähigkeit zur Erlernung der französischen Sprache fehlt. Das Honorar für die 3 Monate hat nicht der Beklagte, sondern die Ehefrau des Beklagten aus den Ersparnissen des Wirtschaftsgeldes bezahlt.

Beweis: Zeugnis der Ehefrau des Beklagten.

Der Kläger hat auch selbst nicht den Beklagten als Vertragsgegner angesehen; denn der Mahnbrief vom 13. April 1912 ist nicht an den Beklagten, sondern an dessen Ehefrau gerichtet.

Rechtsanwalt B.

Entgegnung des Klägers.

Glatz, am 2. Juni 1912.

Es ist richtig, daß der Mahnbrief vom 13. April 1912 an die Ehefrau des Beklagten gerichtet ist; dies ist nur deshalb geschehen, weil die Urkunde vom 29. März 1911 die Unterschrift der Ehefrau des Beklagten trägt. Auf die Mahnung hat aber nicht die Ehefrau des Beklagten, sondern dieser selbst geantwortet.

Beweis: Der anliegende Brief vom 16. April 1912.

Aus diesem Briefe ergibt sich, daß die Ehefrau des Beklagten mit dessen Willen und in seiner Vertretung das Kind zur Schule des Beklagten angemeldet oder zum mindesten, daß der Beklagte die Geschäftsführung seiner Ehefrau genehmigt hat. Wollte er deren Geschäftsführung nicht gelten lassen, so hätte er alsbald dem Kläger Mitteilung machen müssen, anstatt dessen hat er geduldet, daß das Kind 3 Monate lang an dem Sprachunterricht teilgenommen hat.

Beweis: Zeugnis der Ehefrau des Beklagten.

Nach 3 Monaten ist alsdann das Kind dem Unterricht ferngeblieben, angeblich weil es nicht genügend befähigt sei. Dies trifft aber nicht zu. Das Kind hatte während der drei Monate solche Fortschritte gemacht, wie ein normal entwickeltes Kind seines Alters zu machen pflegt.

Beweis: Zeugnis des Sprachlehrers Bailly in Glatz.

Rechtsanwalt A.

Anlage.

Glatz, am 16. April 1912.

Herrn Sprachlehrer Louis Bausset in Breslau.

Auf das gefl. Schreiben vom 13. d. Mts. erwidere erg., daß ich Ihnen nichts schulde. Die Beiträge sind regelmäßig, solange das Kind die Schule besuchte, monatlich im voraus an den Lehrer, der das Geld forderte, bezahlt worden. Auf Anraten der Klassenlehrerin zog ich das Kind nach vorheriger vierwöchentlicher Kündigung von dem Unterricht zurück. Wie Sie dazu kommen, nachdem ich bereits 24 ℳ bezahlt habe, mir noch 40 ℳ in Rechnung zu stellen, ist mir unerfindlich. Ehe der Honorarschein vom 29. März 1911 von meiner Frau vollzogen wurde, wurde mit Ihrem Vertreter, dem Herrn Professor Bailly, mündlich vereinbart, daß dieser

Schein nur dann volle Gültigkeit habe, wenn das Kind die erforderliche Fähigkeit für den französischen Unterricht besitzt; dies war jedoch nicht der Fall.

Mit Rücksicht auf die durchaus angemessene Forderung und auf den später zu leistenden Eid muß ich Ihnen das Weitere überlassen.

Hochachtend

Richter, Postsekretär.

Erwiderung des Beklagten.

Glatz, am 11. Juni 1912.

Der Beklagte hat den Brief vom 16. April 1912 lediglich als Vertreter seiner Ehefrau geschrieben. Seine Verpflichtung, für die Zahlung des Unterrichtshonorars aufzukommen, hat er damit in keiner Weise anerkennen wollen. Die Teilnahme der Enkelin an dem Sprachunterricht des Klägers entsprach durchaus nicht dem Willen des Beklagten. Die Enkelin ist erst Anfang Januar 1911 in das Haus des Beklagten zur Erziehung gekommen, sie besuchte seit dieser Zeit die höhere Mädchenschule in Glatz und vermochte infolge des Schulwechsels nur mit Anstrengung den Anforderungen ihrer Klasse zu genügen. Davon, daß der Beklagte die Geschäftsführung seiner Ehefrau genehmigt habe, kann keine Rede sein.

Rechtsanwalt B.

Fall 4.

Ihmann gegen Heinze.

Klage

des Gasthausbesitzers August Ihmann in Altheide Kreis Glatz
gegen
den Ingenieur Fritz Heinze in Breslau Herdainstraße 2
wegen Kaufpreises usw.

Glatz, am 4. Oktober 1912.

Der Kläger beantragt,

den Beklagten zu verurteilen, an den Kläger 130 ℳ 30 ₰ und 4 Hundertstel Zinsen seit der Klagezustellung zu zahlen, die Kosten des Rechtsstreits dem

Beklagten aufzulegen und das Urteil für vorläufig vollstreckbar zu erklären.

Der Beklagte wohnte mit seiner Ehefrau vom 11. Juni bis einschließlich 7. Juli 1907 in dem Gasthause des Klägers „zur Erholung" in Altheide und ist in dieser Zeit für Logis, Speisen, Getränke und Zigarren gemäß der dem Beklagten übergebenen detaillierten Rechnung . . . . 96 ℳ 80 ₰ schuldig geworden.

Beweis: Zeugnis des Kellners Franz Geide in Altheide.

Ferner hat der Kläger auf Ersuchen des Beklagten am 21. Juni 1907 an Ferdinand Kastner für Gläser, die der Beklagte gekauft hatte, bezahlt	3 „	50 „	
und am 2. Juli 1907 der Ehefrau des Beklagten geliehen, sowie am 20. Juni 1907 dem Beklagten	5 „	— „	
einen Hund für den vereinbarten Preis von . . verkauft.	25 „	— „	
	130 ℳ	30 ₰	

Beweis hierfür wird vorbehalten.

Der Beklagte hat diese Forderungen dem Kläger gegenüber wiederholt anerkannt und Zahlung versprochen, gleichwohl zahlt er nicht.

Das Königliche Amtsgericht in Glatz ist für diese Klage zuständig, weil der Beklagte seine Schuld spätestens bei seiner Abreise von Altheide zu bezahlen hatte.

Rechtsanwalt A.

Klagebeantwortung.

Glatz, am 17. Oktober 1912.

Der Beklagte beantragt,

die Klage abzuweisen, die Kosten des Rechtsstreits dem Kläger aufzulegen und das Urteil für vorläufig vollstreckbar zu erklären, im Falle der Verurteilung aber dem Beklagten nachzulassen, die Zwangsvollstreckung durch Sicherheitsleistung abzuwenden.

1. Das Königliche Amtsgericht in Glatz ist örtlich unzuständig. Der Beklagte hatte seinen Wohnsitz schon im Jahre 1907, wie noch jetzt, in Breslau und hat sich im Jahre 1907 lediglich zur Ausführung von Arbeiten seiner Firma vier Wochen in Altheide auf-

gehalten. Allerdings wäre er verpflichtet gewesen, seine Schuld bei der Abreise von Altheide zu begleichen, es ist ihm aber Stundung gewährt worden, und deshalb kann er nur bei dem Gericht seines Wohnsitzes verklagt werden.

2. In materieller Hinsicht soll die Rechnung des Klägers zwar nicht bestritten werden, der Beklagte hat aber auf die Zustellung der Klage hin (am 7. Oktober 1912) noch an diesem Tage den Kaufpreis des Hundes mit 25 ℳ an den Kläger bezahlt,

Beweis: Der vorzulegende Posteinlieferungsschein,

und im übrigen ist die Schuld dem Beklagten erlassen worden.

Während des Aufenthaltes in Altheide hatten sich die Parteien miteinander sehr angefreundet. Der Kläger hat alsdann in den nächsten Jahren wiederholt den Beklagten in Breslau besucht und mit ihm auf das freundschaftlichste verkehrt. Bei diesen Besuchen hat der Beklagte wiederholt geäußert, daß er doch endlich einmal seine Schuld dem Kläger bezahlen wolle. Der Kläger aber hat jedesmal erwidert: „Aber lassen Sie das doch, machen Sie doch zwischen uns nicht solche Geschichten, die Sache ist erledigt.“ Der Beklagte hat dies dankend angenommen und nur erklärt: „Aber den Hund will ich Ihnen jedenfalls bezahlen.“

Beweis: Eideszuschiebung.

Der Beklagte hat infolgedessen jahrelang an diese Sache überhaupt nicht mehr gedacht, und daß auch der Kläger die Sache, wie er selbst erklärt hatte, für erledigt hielt, geht schon daraus hervor, daß er seit Jahren den Beklagten weder gemahnt, noch ihm eine Rechnung geschickt oder sonst überhaupt die Sache erwähnt hat. Aus welchen Gründen der Kläger jetzt plötzlich dazu gekommen ist, die alte Forderung geltend zu machen, ist dem Beklagten nicht bekannt. Das Verhalten des Klägers ist ihm unverständlich, und er trägt deshalb kein Bedenken, die Einrede der Verjährung zu erheben, was hiermit geschieht.

Rechtsanwalt B.

Erwiderung des Klägers.

Glatz, am 26. Oktober 1912.

Der Kläger bestreitet, daß er mit dem Beklagten freundschaftlich verkehrt und aus diesem Gefühl ihm die Schuld geschenkt habe. Dagegen sprechen die wiederholten Entschuldigungen und Versicherungen des Beklagten, seine Schuld sobald als möglich abzutragen. Es ist richtig, daß der Kläger auf solche Äußerungen stets erwidert hat, es habe ja keine Eile, niemals aber ist die vom Beklagten behauptete Äußerung gefallen. Der Kläger nimmt den ihm zugeschobenen Eid an. Er hat den Beklagten nur etwa zweimal in Breslau besucht. Der Grund hierfür war, daß er zu dieser Zeit mehrere Prozesse zu führen hatte, in denen der Beklagte der Hauptzeuge war, und daß deshalb der Kläger es mit dem Beklagten nicht verderben wollte.

Die Einrede der Verjährung ist unbegründet, da der Beklagte wiederholt seine Schuld anerkannt und Zahlung versprochen hat.

Beweis: Die Briefe des Beklagten vom 3. April 1909 und 21. Januar 1911, von denen ein Auszug mitgeteilt wird.

Auch noch im Frühjahr 1912 hat der Beklagte dem Kläger gegenüber seine Schuld mündlich anerkannt und gebeten, mit ihm Geduld zu haben, die Krankheit seiner Ehefrau habe ihn sehr viel Geld gekostet, so daß ihm die Bezahlung zurzeit unmöglich sei.

Beweis: Zeugnis der Kellnerin Toni Anspacher in Altheide.

Der Klageantrag wird um die am 8. Oktober 1912 bei dem Kläger eingegangenen 25 ℳ ermäßigt.

Rechtsanwalt A.

1. Anlage.

Breslau, 3. April 1909.

Sehr geehrter Herr Ihmann!

. . . .

Meine Rechnung werde ich selbstredend prompt begleichen, allerdings muß ich Sie um noch etwas Geduld bitten . . . .

Fr. Heinze.

2. Anlage.

Breslau, 21. Januar 1911.

Geehrter Herr Ihmann!

. . . .

Ich habe bekanntlich niemals einen persönlichen Vorteil von der bei Ihnen aufgestellten Anlage haben wollen und habe Ihnen ja auch bereits erklärt, daß ich mein Konto bei Ihnen bezahlen werde, so daß ich niemals zugebe, daß diese Privatsache mit Ihrem Prozesse verquickt wird . . . . .

Fritz Heinze.

II. Recht der Schuldverhältnisse.

Fall 5.

Martinetz gegen Strangfeld.

Klage

des Schwarzviehhändlers Anton Martinetz in Neurode
gegen
den Stellenbesitzer Karl Strangfeld in Sackisch
wegen Kaufpreises.

Glatz, am 1. Februar 1912.

Der Kläger beantragt,

den Beklagten zu verurteilen, 56 ℳ und 4 Hundertstel Zinsen seit der Klagezustellung an den Kläger zu zahlen, die Kosten des Rechtsstreits dem Beklagten aufzulegen und das Urteil für vorläufig vollstreckbar zu erklären.

Der Kläger hat am 2. Juni 1910 dem Beklagten zwei Schweine verkauft. Es wurden 56 ℳ als Preis verabredet und die Schweine sofort dem Beklagten übergeben.

Beweis: Eideszuschiebung.

Der Preis von 56 ℳ ist auch angemessen.

Beweis: Sachverständigengutachten.

Trotz Mahnung bezahlt der Beklagte nicht den Kaufpreis.

Rechtsanwalt A.

Klagebeantwortung.

Glatz, am 10. Februar 1912.

Der Beklagte beantragt,

die Klage abzuweisen, die Kosten des Rechtsstreits dem Kläger aufzulegen und das Urteil für vorläufig vollstreckbar zu erklären, im Falle der Verurteilung des Beklagten aber ihm nachzulassen, die Zwangsvollstreckung durch Sicherheitsleistung abzuwenden.

Der eingeklagte Kaufpreis ist noch nicht fällig. Der Beklagte hat die beiden Schweine nur auf dringendes Zureden des Klägers gekauft. Dieser kam — es kann am 2. Juni 1910 gewesen sein — mit einem Wagen, auf dem sich zwei Schweine befanden, vor das Gehöft des Beklagten gefahren und bot ihm die Schweine zum Kauf an. Der Beklagte lehnte zunächst den Kauf ab, weil es ihm an der nötigen Stallung fehlte. Der Kläger und sein Begleiter ließen sich aber nicht abweisen und baten immer wieder von neuem, der Beklagte möge doch die beiden letzten Schweine abnehmen. Schließlich ließ sich der Beklagte doch zum Kaufe überreden, machte aber ausdrücklich zur Bedingung, daß er die Schweine erst zu bezahlen brauche, wenn er sie weiterverkauft haben würde. Hiermit war der Kläger einverstanden.

Beweis: Zeugnis des Knechts Adolf Nentwig in Sackisch.

Die vereinbarte Bedingung ist noch nicht eingetreten. Der Beklagte hat die Schweine noch nicht weiterverkaufen können.

Beweis: Zeugnis der Ehefrau des Beklagten.

Rechtsanwalt B.

Entgegnung des Klägers.

Glatz, am 15. Februar 1912.

Die vom Beklagten behauptete Bedingung ist nicht verabredet worden. Übrigens hat der Kläger erfahren, daß der Beklagte die beiden Schweine längst weiterverkauft hat, das eine an den Fleischermeister Wilhelm Tautz in Lewin, das andere an den Kaufmann Paul Spata in Sackisch. Der Kläger beruft sich auf deren Zeugnis.

Wenn aber die Schweine wirklich noch nicht weiterverkauft sein sollten, so ist der Beklagte hieran selbst schuld. Wenn er sie ordnungsmäßig gefüttert hätte, hätte er sie längst weiterverkaufen können.

Die vom Beklagten behauptete Vereinbarung kann nicht dahin verstanden werden, daß es dem Belieben des Beklagten überlassen bleiben sollte, wann er den Kaufpreis bezahlen wolle.

Rechtsanwalt A.

Erwiderung des Beklagten.

Glatz, am 28. Februar 1912.

Der Beklagte hat gestern eins von den Schweinen an den Fleischermeister Georg Herden in Järker für 69 M verkauft. Er braucht den Kaufpreis an den Kläger erst zu zahlen, wenn er auch das zweite Schwein verkauft haben wird, da dies ausdrücklich verabredet ist.

Rechtsanwalt B.

Fall 6.

Fuchs gegen Michael.

Klage

des Viehhändlers und Landwirts August Fuchs
in Ebersdorf, Kreis Habelschwerdt
gegen
den Brennereibesitzer Richard Michael in Wünschelburg
wegen Rückgabe eines Angelds.

Glatz, am 1. Juli 1913.

Der Kläger beantragt,

den Beklagten zu verurteilen, an den Kläger 156 M 50 ₰ und 4 Hundertstel Zinsen seit dem 22. Mai 1913 zu zahlen, dem Beklagten die Kosten des Rechtsstreits aufzulegen und das Urteil für vorläufig vollstreckbar zu erklären.

Der Kläger kaufte Mitte April 1913 von dem Beklagten sechs fette Ochsen zum Preise von 40 M für den Zentner Lebendgewicht und zahlte 300 M an. Er bedang sich beim Kauf Stand bis zum 22. Mai 1913 aus, da er kein offenes Geschäft hat, sondern das Fettvieh nach Breslau weiterverkauft, wie dem Beklagten, der schon öfters dem Kläger Vieh verkauft hatte, wohlbekannt war.

Beweis: Eideszuschiebung.

Etwa 8 oder 14 Tage nach dem Kauf brach in der Umgegend von Wünschelburg die Maul- und Klauenseuche aus, und Wünschelburg wurde als Beobachtungsgebiet erklärt.

Beweis: Auskunft der Polizeiverwaltung in Wünschelburg.

Durch die hiermit in Kraft getretenen Ausfuhrbeschränkungen wurde es dem Kläger unmöglich, die Ochsen auf den Breslauer Markt zu bringen. Als daher der Beklagte den Kläger durch das anliegende Schreiben zur Abholung der Ochsen auffordern ließ, antwortete der Kläger, daß, wenn er die Ochsen nicht zum öffentlichen Markt bringen könne, er sie nicht abnehmen könne, der Beklagte möge ihm das Angeld mit Zinsen zurückzahlen.

Beweis: Der Brief des Klägers, den der Beklagte vorlegen soll.

Der Beklagte hat demnächst die Ochsen an den Fleischermeister Baumgarten in Neurode zur sofortigen Abschlachtung verkauft; nur unter dieser Bedingung wurde die Ausfuhr polizeilich gestattet.

Beweis: Zeugnis des Baumgarten und des Kreistierarztes in Neurode.

Der Beklagte hat von dem Angelde des Klägers	300,00 *M*
den Mindererlös, den er bei dem Verkauf an Baumgarten erzielt hat, in Höhe von	156,50 „
abgezogen und nur den Rest von	143,50 *M*

am 22. Mai dem Kläger zurückgesandt.

Der Kläger fordert die Rückgabe der weiteren 156 *M* 50 *₰* Angeld. Er hatte die Ochsen vom Beklagten nur zum Weiterverkauf, nicht zur sofortigen Abschlachtung gekauft. Die Geltendmachung des dem Kläger entgangenen Gewinns wird ausdrücklich vorbehalten.

Rechtsanwalt A.

Anlage.

Glatz, am 18. Mai 1913.

Herrn August Fuchs in Ebersdorf.

Im Auftrage des Herrn Richard Michael in Wünschelburg erwidere ich Ihnen auf Ihre gestrige an Herrn Michael gerichtete Postkarte ergebenst, daß Herr Michael darauf besteht, daß Sie die gekauften Bullen bis zum 22. Mai früh abnehmen bzw. abholen, und daß Sie mindestens 48 Stunden vorher Herrn Michael benachrichtigen, daß und wann Sie die Bullen abholen, damit er die nötige tierärztliche Untersuchung veranlassen und die erforderliche Ausfuhrgenehmigung erwirken kann. Anderenfalls nimmt Herr Michael auf Grund Ihrer Karte an, daß Sie die Erfüllung des Kaufvertrages verweigern, und haben Sie den dem Herrn

Michael infolgedessen entstehenden Schaden zu ersetzen. Herr Michael ist genötigt, die Bullen anderweitig zu verkaufen, wenn Sie bis zum 22. d. Mts. sie nicht abgeholt haben.

Achtungsvoll ergebenst

Rechtsanwalt B.

Klagebeantwortung.

Glatz, am 7. Juli 1913.

Der Beklagte beantragt,

die Klage abzuweisen, die Kosten des Rechtsstreits dem Kläger aufzulegen und das Urteil für vorläufig vollstreckbar zu erklären, im Falle der Verurteilung des Beklagten aber ihm nachzulassen, die Zwangsvollstreckung durch Sicherheitsleistung abzuwenden.

Der Abzug des Mindererlöses von 156 ℳ 50 ₰ ist berechtigt. Von einer Vereinbarung der Parteien, daß die Ochsen zum Weiterverkauf in Breslau verkauft würden, kann keine Rede sein. Der Kläger selbst hat kurze Zeit nach dem Kaufabschlusse in dem Kontor des Beklagten erklärt: „Wenn ich die Ochsen nicht nach Breslau nehmen kann, nehme ich sie nach Glatz und verkaufe sie dort an die Fleischer.“

Beweis: Zeugnis des Landwirts Arthur Michael in Wünschelburg.

Dieselbe Erklärung hat er später bei einem gelegentlichen Zusammentreffen der Parteien im „Goldenen Schwert“ in Glatz abgegeben.

Beweis: Eideszuschiebung.

Richtig ist, daß infolge Ausbruchs der Maul- und Klauenseuche am 1. Mai 1913 Wünschelburg zum Beobachtungsgebiet erklärt worden ist. Dadurch wurde aber die Ausfuhr der gekauften Ochsen zwar erschwert, jedoch nicht unmöglich. Es bedurfte zur Ausfuhr der landrätlichen Genehmigung, und diese konnte allerdings nur für Schlachtvieh und nur auf Grund eines nur 24 Stunden gültigen tierärztlichen Zeugnisses über die Seuchenfreiheit der Tiere gegeben werden.

Beweis: Auskunft der Polizeiverwaltung in Wünschelburg.

Es wäre dem Beklagten sehr wohl möglich gewesen, die Ochsen

nach Breslau zu schaffen. Auf dem Breslauer Schlachtviehmarkt ist ein besonderer Stall für Vieh aus Beobachtungsgebieten eingerichtet. Der Preis dieses Viehes wird für jeden Markttag amtlich notiert und beträgt meistenteils 1 ℳ für jeden Zentner Lebendgewicht weniger als der des anderen Viehes.

Beweis: Auskunft der Verwaltung des Schlachtviehhofes in Breslau.

Die Verwertung des Viehes mag danach für den Kläger erschwert gewesen sein, aber unmöglich war sie nicht. Der Kläger hat also mit Unrecht die Abnahme der Ochsen abgelehnt.

Beweis: Die anliegenden Schreiben vom 17. u. 19. Mai 1913.

Der Beklagte mußte auf baldige Verwertung der Ochsen bedacht sein, da die Ochsen selbstverständlich bis in den Mai hinein nur Trockenfutter erhalten hatten, und nun die Zeit der Grünfütterung herankam, bei welcher, wie bekannt, das fette Rindvieh abzufallen pflegt und an Gewicht verliert. Der Beklagte hat deshalb infolge der Abnahmeverweigerung des Klägers die Ochsen am 22. Mai 1913 an den Fleischermeister Baumgarten verkauft. Hierbei hat er 156 ℳ 50 ₰ Kaufpreis weniger erhalten, als ihm der Kläger zu zahlen gehabt hätte. Diesen Schaden muß ihm der Kläger ersetzen.

Rechtsanwalt B.

1. Anlage.

Ebersdorf, am 17. Mai 1913.

Sehr geehrter Herr Michael!

Zur freundlichen Nachricht, daß es mir nicht möglich war, die Bullen zu verkaufen. Sollten Sie nicht willens sein, die Bullen bis nach der Seuche zu halten, müssen wir das Geschäft auflösen.

Mit Gruß

A. Fuchs.

2. Anlage.

z. Z. Glatz, am 19. Mai 1913.

Herrn Michael in Wünschelburg.

Auf den werten Brief von Herrn Rechtsanwalt B. zur freundlichen Nachricht, daß ich die Bullen, sobald Ihr Stall zur öffentlichen Verladung freigegeben ist, abnehmen will. Im übrigen werde ich mir auch die Rechte suchen, wie Sie mir die Ihrigen durch Ihren Herrn Rechtsanwalt mitgeteilt haben. Ich bitte um Zurücksendung des Angeldes oder dessen Verzinsung.

Achtungsvoll

A. Fuchs.

Entgegnung des Klägers.

Glatz, am 14. Juli 1913.

Der Kläger hat die Ochsen zum Weiterverkauf, nicht zum Schlachten vom Beklagten gekauft. Der Beklagte kannte den Kläger als einen Händler, der seine Ware nach Breslau zum Markte bringt.

Beweis: Eideszuschiebung.

Es ist aber davon auch ausdrücklich bei dem Kaufabschluß die Rede gewesen. Der Beklagte hat hierbei, um einen möglichst hohen Preis zu erzielen, wiederholt betont: „Das sind Prima-Ochsen. Wenn Sie die auf den Breslauer Markt bringen, dann reißen sie sie Ihnen aus den Händen."

Beweis: Eideszuschiebung.

Es wird bestritten, daß der Kläger nach dem Kaufabschluß gesagt habe: wenn er die Ochsen nicht nach Breslau nehmen könne, nehme er sie nach Glatz und verkaufe sie dort an die Fleischer. Der Kläger kam etwa 8 Tage nach Ausbruch der Seuche nach Wünschelburg, um die Ochsen abzuholen. Er hatte bereits Treiber mitgebracht und einen Eisenbahnwaggon zur Verladung bestellt. Die Parteien erhielten aber von der Polizeiverwaltung in Wünschelburg den Bescheid, das Vieh müsse erst vom Kreistierarzt besichtigt und freigegeben werden, dies geschehe aber nur zur sofortigen Abschlachtung, nicht zum freien Verkehr.

Beweis: Auskunft der Polizeiverwaltung in Wünschelburg.

Daraufhin erklärte der Kläger dem Beklagten: „Es ist mir unter diesen Umständen unmöglich, das Vieh abzunehmen. Entweder lassen Sie es stehen, bis es frei ist, oder Sie verkaufen es anderweitig." Der Beklagte hat dazu geschwiegen.

Beweis: Eideszuschiebung.

Als dann später der Kläger mit dem Beklagten im „Goldenen Schwert" in Glatz zusammentraf, sagte er zu ihm nur: er werde mit Fleischern sprechen, ob sie die Ochsen abnehmen; wenn es ihm möglich sei, werde er die Ochsen in Glatz unterbringen. Der Kläger hat auch diesen Versuch gemacht, er ist aber mißlungen.

Die Ochsen in Breslau zu verwerten, war in der Tat unmöglich. Es ist zwar richtig, daß in dem Breslauer Schlachtviehhofe ein besonderer Stall für Vieh aus Beobachtungsgebieten eingerichtet ist. Aber Vieh, das dort eingeführt werden soll, muß zunächst am Abgangsorte kreistierärztlich untersucht und dann binnen 24 Stunden nach Breslau geschafft, dort von der Polizei übernommen, abermals tierärztlich untersucht und abgeschlachtet werden. Dies alles war von Wünschelburg aus nicht binnen 24 Stunden zu ermöglichen. Eine Besichtigung in Breslau durch Kauflustige wäre zudem ausgeschlossen gewesen. Der Verlust hätte, abgesehen von den Unkosten, 2 ℳ für jeden Zentner betragen.

Beweis: Gutachten des Großviehhändlers Adolf Pitsch in Glatz.

Rechtsanwalt A.

Erwiderung des Beklagten.

Glatz, am 1. August 1913.

Der Beklagte überreicht hiermit den von den Parteien über den Kauf ausgestellten Schlußschein vom 21. April 1913.

Rechtsanwalt B.

Anlage.

Herr Fuchs kaufte heut von Herrn Michael 5 Bullen 1 Schnittochsen für 40 ℳ pro Zentner Lebendgewicht pro Kopf 50 Pfd. Gutgewicht, 2 ℳ Trinkgeld pro Kopf, Stand bis spätestens 22. Mai, nüchtern gewogen. Drei Hundert Mark Angeld erhalten.

Wünschelburg, am 21. April 1913.

Richard Michael. August Fuchs.

Fall 7.

Abraham gegen Faulhaber.

Klage

der Firma S. Abraham Fischkonservenfabrik in Stralsund i. P.
gegen
die Firma Johannes Faulhaber in Glatz
wegen Kaufpreises.

Glatz, am 15. September 1912.

Die Klägerin beantragt,

die Beklagte zu verurteilen, an sie 61 ℳ 90 ₰ und 5 Hundertstel Zinsen seit dem 15. September 1912 zu zahlen und das Urteil für vorläufig vollstreckbar zu erklären.

Die Beklagte kaufte und empfing von der Klägerin die in der anliegenden Rechnung verzeichneten Waren.

Beweis: Eid.

Die Preise sind angemessen.

Beweis: Sachverständigengutachten.

Der Kaufpreis sollte zwei Wochen nach Lieferung bezahlt werden, die Beklagte verweigert ohne Grund die Zahlung.

Rechtsanwalt A.

Anlage.

Rechnung

der Firma S. Abraham Fischkonservenfabrik in Stralsund i. P.
für
die Firma Johannes Faulhaber in Glatz.

1912					ℳ ₰
23. August.	An	1	Kiste		0,50
	„	4	2-Ltr.-Dosen Bismarck-, Brat-, Delikateßheringe, Rollmöpse .	3,20	12,80
	„	8	1-Ltr.-Dosen dto.	1,80	14,40
	„	$^{12}/_{6}$	Dosen dto.	0,60	7,20
	„	$^{16}/_{8}$	Dosen dto.	0,45	7,20
	„	$^{3}/_{6}$	Dosen Geleeheringe	0,60	1,80
	„	$^{4}/_{8}$	„ „	0,45	1,80
	„	$^{3}/_{8}$	„ Aal in Gelee . . .	0,85	2,55
				Übertrag	48,25

			Übertrag		48,25
23. August.	An	3/8	Dosen Rollaal	0,85	2,55
	„	3	1-Ltr.-Dosen Aalbricken . .	1,00	3,00
	„	3/8	Dosen Napoleonheringe . .	0,40	1,20
	„	3/8	„ Imperialheringe . .	0,50	1,50
	„	12/8	„ Bismarck-, Brat-, Delikateß- und Forellenheringe . .	0,45	5,40
					61,90

Zahlbar 2 Wochen nach Lieferung.

S. E. & O.

S. Abraham.

Klagebeantwortung.

Glatz, am 30. September 1912.

Die Beklagte beantragt,

1. die Klage abzuweisen,
2. im Wege der Widerklage die Klägerin zu verurteilen, an die Beklagte 3 ℳ 10 ₰ zu zahlen,
3. die Kosten des Rechtsstreits der Klägerin aufzulegen,
4. das Urteil für vorläufig vollstreckbar zu erklären, im Falle der Verurteilung der Beklagten ihr nachzulassen, die Zwangsvollstreckung durch Sicherheitsleistung abzuwenden.

Die Beklagte bestreitet unter Eidesannahme die in der Klagerechnung aufgeführten Waren bestellt zu haben; der Sachverhalt ist vielmehr folgender: Am 20. August 1912 erschien der Reisende der Klägerin, Ernst Lange, im Laden der Beklagten, um Bestellungen von ihr zu erbitten. Die Beklagte bestellte bei ihm eine größere Menge Räucherfischwaren zur Lieferung Anfang Oktober und wollte zugleich Fischkonserven bestellen. Da aber der Reisende der Klägerin die letzte Preisliste für Fischkonserven nicht zur Hand hatte, bestellte die Beklagte hiervon nur eine Probesendung von 4 bis 5 Sorten zu je 2 bis 3 Dosen kleinster Packung und von der billigsten Ware.

Am 1. September wurde der Beklagten eine Kiste Fischkonserven durch den Spediteur angerollt, die von Sendung der Klägerin durch die Eisenbahn angekommen war. Die Beklagte nahm die Kiste in Empfang und zahlte 3 ℳ 10 ₰ Fracht und Rollgeld, ließ aber die Kiste ungeöffnet stehen, bis am 5. September die Faktura durch die Post einging, mit der die Klagerechnung übereinstimmt. Da die Beklagte daraus ersah, daß die Klägerin ihr 74 Dosen, darunter 2- und 1-Literdosen gesandt hatte, schrieb sie der Klägerin an demselben Tage, daß sie die Annahme der Sendung verweigere und die übersandten Waren der Klägerin zur Verfügung stelle, weil mehr, als bestellt, gesandt sei. In einem Briefe vom 8. September antwortete die Klägerin, daß die Weigerung der Beklagten unberechtigt sei, da die Sendung der Bestellung entspreche. Hierauf sandte die Beklagte die Kiste uneröffnet durch die Eisenbahn an die Klägerin zurück, die Klägerin verweigerte aber die Annahme. Die Sendung liegt deshalb bei dem Spediteur Thiel in Stralsund.

Die Beklagte fordert mit der Widerklage Ersatz der verauslagten 3 ℳ 10 ₰ Spesen.

Rechtsanwalt B.

Entgegnung der Klägerin.

Glatz, am 15. Oktober 1912.

Die Klägerin beantragt,

die Widerklage abzuweisen.

Die Bestellung der Beklagten vom 20. August 1912 lautete nach dem Bericht des Reisenden Lange auf 74 Dosen Fischkonserven, wie sie die Klägerin der Beklagten übersandt hat. Lange ist leider inzwischen verstorben, so daß die Klägerin sich nicht mehr auf sein Zeugnis berufen kann. Sie schiebt deshalb der Beklagten den Eid über die Bestellung zu.

Es wird aber auf diesen Eid nicht ankommen, denn die Beklagte hat, wenn die Bestellung überschritten sein sollte, die Überschreitung genehmigt. Die Faktura vom 23. August 1912, aus welcher die Beklagte den Umfang der Lieferung ersehen konnte, wurde am 23. August 1912 durch die Post an die Beklagte abgesandt.

Beweis: Zeugnis des Buchhalters der Klägerin Adolf Berger in Stralsund.

Die Faktura muß also spätestens am 25. August bei der Beklagten eingegangen sein. Die Klägerin beruft sich auf das Zeugnis der noch zu benennenden Angestellten der Beklagten, daß die Faktura am 25. August, zum mindesten mehrere Tage vor der Ankunft der

Waren bei der Beklagten eingegangen ist. Danach war die erst am 5. September erfolgte Rüge der Beklagten verspätet.

Schlimmstenfalls aber muß die Beklagte wenigstens 15 Dosen abnehmen und bezahlen.

Rechtsanwalt A.

Fall 8.

Szymanski gegen Lange.

Klage

des Schuhmachermeisters Eduard Szymanski
in Breslau, Albrechtstraße 32
gegen
den Referendar Paul Lange in Glatz
wegen Kaufpreises.

Glatz, am 3. Oktober 1912.

Der Kläger beantragt,

den Beklagten zu verurteilen, an den Kläger 22 ℳ und 4 Hundertstel Zinsen seit dem 1. April 1912 zu zahlen, und das Urteil für vorläufig vollstreckbar zu erklären.

Der Kläger verkaufte dem Beklagten am 24. Februar 1912 ein Paar Lackschuhe. Als Preis wurden 22 ℳ verabredet, und die Schuhe wurden dem Beklagten noch an demselben Tage in das Hotel, in welchem er abgestiegen war, gesandt.

Beweis: Eideszuschiebung.

Der Beklagte hat den Kaufpreis bisher nicht bezahlt, obwohl der Kläger ihm am 31. März 1912 durch die Post die Rechnung übersandt und um Bezahlung gebeten hat.

Rechtsanwalt A.

Klagebeantwortung.

Glatz, am 15. Oktober 1912.

Der Beklagte beantragt,

den Kläger abzuweisen, die Kosten des Rechtsstreits dem Kläger aufzulegen und das Urteil für vorläufig vollstreckbar zu erklären, im Falle der Verurteilung des Beklagten aber ihm nachzulassen, die Zwangsvollstreckung durch Sicherheitsleistung abzuwenden.

Kauf und Übergabe der Schuhe werden nicht bestritten, wohl aber der Empfang des angeblichen Mahnbriefes vom 31. März 1912.

Der Beklagte verweigert die Zahlung des Kaufpreises, weil die Schuhe nicht der vom Kläger gegebenen Zusicherung entsprochen haben. Der Kläger hat nämlich erstklassige Qualität zugesichert. Als aber der Beklagte die Schuhe am 26. Februar 1912 bei einer Hochzeit in Glogau zum ersten Male trug, brach bereits der Lack an mehreren Stellen über den Zehen und bröckelte ab.

Beweis: Zeugnis des Referendars Wilhelm Franke in Glogau.

Der Beklagte sandte deshalb die Schuhe am 1. März dem Kläger zurück und stellte sie ihm zur Verfügung. Am 13. März erhielt er sie notdürftig ausgebessert zurück. Er zog sie alsbald noch einmal an; aber schon nachdem er mehreremal im Zimmer auf und niedergegangen war, brach der Lack von neuem.

Beweis: Zeugnis der Witwe Albertine Hoffmann in Glatz.

Der Beklagte sandte hierauf die Schuhe dem Kläger wiederum zurück und, als dieser sie ihm nochmals zuschickte, verweigerte er die Annahme.

Rechtsanwalt B.

Entgegnung des Klägers.

Glatz, am 28. Oktober 1912.

Es ist richtig, daß der Kläger beim Kaufabschlusse zu dem Beklagten gesagt hat, die Schuhe hätten erstklassige Qualität. Dies traf aber zu. Zu den Schuhen wurde erstklassiges Lackleder verwandt, das der Kläger aus der bekannten Lacklederfabrik von Kornelius Heyl in Worms bezogen hatte, und die Herstellung erfolgte in der Werkstatt des Klägers, deren erstklassige Arbeit anerkannt ist.

Beweis: Zeugnis des ersten Gehilfen des Klägers Robert Schäfer und Gutachten des Obermeisters der Breslauer Schuhmacherinnung Wilhelm Eckert in Breslau.

Wenn auch der Lack der Schuhe bereits beim ersten Tragen gebrochen sein sollte — der Kläger will diese Angabe des Beklagten nicht bezweifeln — so kann der Kläger hierfür nicht haften. Für die Haltbarkeit des Lackes kann kein Schuhmacher aufkommen, da auch der allerbeste Lack unter der Einwirkung der Temperatur, insbesondere bei Kälte und feuchtem Wetter, sehr leicht bricht. Wer sich Lackschuhe kauft, muß von vornherein mit der Möglichkeit des Brechens des Lackes rechnen.

Beweis: Gutachten des Eckert.

Der Kläger hat auch beim Kauf den Beklagten hierauf aufmerksam gemacht. Der Beklagte äußerte nämlich, daß seine letzten Lackschuhe nicht gut gehalten hätten. Darauf erwiderte ihm der Kläger, daß er für das Brechen des Lackes nicht haftbar gemacht werden könne, da auch der beste Lack dem Brechen ausgesetzt sei. Der Beklagte suchte sich darauf ein Paar Schuhe aus dem Lager des Klägers aus und probierte sie an. Der Kläger schlug vor, ihm ein Paar nach Maß zu fertigen, da das anprobierte Paar etwas eng zu sein schien. Der Beklagte erklärte aber, dieses Paar kaufen zu wollen, da die Schuhe, wie er sagte, einen sehr netten Fuß machten.

Beweis: Eideszuschiebung.

Rechtsanwalt A.

Erwiderung des Beklagten.

Glatz, am 5. November 1912.

Es ist möglich, daß der Beklagte die vom Kläger behaupteten Äußerungen beim Kauf getan hat; im übrigen bestreitet er die Behauptungen des Klägers und schiebt den ihm zugeschobenen Eid zurück.

Der Käufer erstklassiger Lackschuhe darf erwarten, daß die Schuhe nicht nur einmal, sondern öfter in Gebrauch genommen werden können, sonst erfüllen sie nicht ihren Zweck.

Rechtsanwalt B.

Fall 9.
Flade gegen Lehmann.

Klage
in Sachen der Firma E. Flade in Bautzen
gegen
den Kaufmann Arthur Lehmann in Neurode
wegen Kaufpreises.

Glatz, am 21. Februar 1912.

Die Klägerin beantragt,

den Beklagten zu verurteilen, an die Klägerin 134 ℳ und 5 Hundertstel Zinsen seit dem 7. Juli 1909 abzüglich der am 14. November 1911 gezahlten 131 ℳ 32 ₰ und der am 18. November 1911 gezahlten 2 ℳ 68 ₰ zu zahlen, die Kosten des Rechtsstreits dem Beklagten aufzulegen und das Urteil für vorläufig vollstreckbar zu erklären.

Die Klägerin lieferte am 7. April 1909 dem Beklagten auf Bestellung 100 Pfd. weißen Sing. Pfeffer zum Preise von 78 ℳ und 100 Pfd. schwarzen Sing. Pfeffer zum Preise von 60 ℳ. Der Kaufpreis war handelsüblich drei Monate nach Absendung der Ware zu bezahlen.

Beweis: Die Handelsbücher der Klägerin und für das Zahlungsziel Gutachten eines Sachverständigen.

In einem Briefe vom 20. April 1909 beanstandete der Beklagte die Qualität des Pfeffers und stellte ihn der Klägerin zur Verfügung. Diese antwortete in einem Briefe vom 21. April 1909, daß sie, um die Sache in Güte zu erledigen, dem Beklagten auf jeden Zentner 2 ℳ vom Kaufpreise nachlassen wolle.

Beweis: Der Beklagte soll den Brief vom 21. April 1909 vorlegen.

Der Beklagte schwieg hierauf und die Klägerin war deshalb bis in den November 1911 der Meinung, daß der Beklagte ihr Vergleichsangebot nicht angenommen und den Pfeffer an ihren Agenten Klose in Glatz zurückgesandt habe. Erst, als sie dem Klose nach wiederholter Mahnung um Rücksendung des Pfeffers Klage androhte, erfuhr sie von ihm, daß der Beklagte den Pfeffer gar nicht zurückgegeben, sondern verbraucht habe. Der Beklagte hat alsdann auf den Kaufpreis am 14. November 1911 131 ℳ 32 ₰ und am 18. November 1911 noch 2 ℳ 68 ₰, die er sich zunächst als Sconto abgezogen hatte, bezahlt. Er weigert sich zu Unrecht, die seit dem 7. Juli 1909 laufenden Verzugszinsen zu zahlen.

Rechtsanwalt A.

Klagebeantwortung.

Glatz, am 5. März 1912.

Der Beklagte beantragt,

die Klage abzuweisen, die Kosten des Rechtsstreits der Klägerin aufzulegen und das Urteil für vorläufig vollstreckbar zu erklären.

Der Beklagte war mit dem von der Klägerin in dem Briefe vom 21. April 1909 angebotenen Preisnachlasse nicht einverstanden. Er hat dies dem Agenten Klose mündlich mitgeteilt und den Pfeffer vorläufig auf Lager behalten, wie die Klägerin in dem erwähnten Briefe ersucht hatte. Der Brief wird diesem Schriftsatz beigefügt. Klose kündigte dem Beklagten an, er werde den Pfeffer durch einen Spediteur abholen und einem anderen Kaufmanne in Neurode zurollen lassen. Der Beklagte wartete aber vergeblich hierauf, bis er schließlich im Mai 1911 den Pfeffer in Gebrauch genommen hat.

Beweis: Zeugnis der Ehefrau des Beklagten, Theresia Lehmann geb. Strauch in Neurode und des Agenten Karl Klose in Glatz.

Der Beklagte leistete darauf die von der Klägerin angegebenen Zahlungen auf den Kaufpreis. Die Klägerin widersprach aber dem Verbrauch und der Zahlung.

Beweis: Der anliegende Brief der Klägerin vom 16. November 1911.

Da hiernach ein Vertrag zwischen den Parteien nicht zustande gekommen ist, kann die Klägerin nur Ersatz des Wertes des Pfeffers verlangen, den der Beklagte nicht mehr zurückgeben kann. Die Klägerin hat auch selbst in ihrem Briefe vom 2. Dezember 1911 sich auf diesen Standpunkt gestellt, indem sie vom Beklagten den damaligen Tagespreis, nämlich 104 ℳ für den weißen und 79 ℳ für den schwarzen Pfeffer, verlangte und demgemäß noch Zahlung von 49 ℳ forderte.

Gegen diese Forderung der Klägerin rechnet aber der Beklagte mit seiner Lagergeldforderung auf, welche jene Forderung übersteigt. Er verlangt vom 21. April 1909 bis zum 1. Mai 1911 Lagergeld, und zwar 10 ₰ für jeden Tag.

Die Üblichkeit dieses Betrages wird der Spediteur Steinberg in Neurode begutachten.

Danach hat die Klägerin vom Beklagten nichts mehr zu fordern.

Rechtsanwalt B.

1. Anlage.

Bautzen, am 21. April 1909.

Herrn Arthur Lehmann in Neurode.

Indem ich Sie im Besitz meiner gestrigen Mustersendung schätze, bestätige ich den Erhalt Ihrer w. Zuschrift vom gleichen Tage und ersehe daraus mit Bedauern, daß Sie mit der letzten Sendung nicht zufrieden sind. Bezügl. des weißen Pfeffers muß ein Irrtum insofern vorliegen, als Herr Klose zu ℳ 78,— franko Neurode keinen weißen Java (gewaschen) verkaufen konnte. Sie werden selbst soweit orientiert sein, einzusehen, daß dies unmöglich ist. Übrigens ist weiß Singapore gemahlen von weiß Java fast nicht zu unterscheiden, vielleicht können Sie ihn gemahlen verkaufen. Ich würde Ihnen, um die Sache in Güte zu schlichten, auf den Zentner ℳ 2,— nachlassen. Etwas Staub wird bei Pfeffer immer wieder, trotzdem er gesiebt ist, das wird auch beim schwarzen Singapore der Fall sein. Denn preiswert ist die Ware immerhin. Da Sie doch so schönen Bedarf haben, mache ich Ihnen den Vorschlag, ob Sie nicht von den beiden Sorten etwas abschließen wollen, vielleicht von jeder Sorte 2 Ballen. Schreiben Sie mir bitte darüber. Ich würde Ihnen dann äußersten Preis ausrechnen, und Sie nehmen die Ware ab nach Bedarf. Ich würde alles aufbieten, Sie in jeder Weise zufriedenzustellen. Wenn ich wieder nach Glatz komme, werde ich mir erlauben, Sie mit Herrn Klose zu besuchen, mündlich läßt sich alles besser besprechen. Sollten Sie von weiß Java schnell noch etwas brauchen, so schreiben Sie bitte, ich lasse dann sofort an Sie abgehen. Um Ihnen entgegen zu kommen, will ich den Preis auf ℳ 85.— franko dort stellen, da können Sie ruhig zugreifen.

Sollten Sie für den weißen Singapore keine oder nur für das halbe Quantum Verwendung haben, so behalten Sie ihn vorläufig auf Lager, vielleicht kann ihn Herr Klose in dortiger Gegend verkaufen, um unnötige Fracht zu ersparen. Ich hoffe aber, daß Sie bei sachgemäßer Prüfung auf meinen Vorschlag eingehen, ich werde Sie in Zukunft recht gewissenhaft bedienen, um auch Ihnen das Geschäft zu erleichtern.

In diesem Sinne begrüße ich Sie und zeichne

Hochachtungsvoll

E. Flade.

2. Anlage.

Bautzen, am 16. November 1911.

An Herrn Arthur Lehmann in Neurode.

Unterm 14. ds. haben Sie auf mein Postscheck-Conto 131 ℳ 32 ₰ eingezahlt. Ich bemerke jedoch, daß ich diesen Betrag nicht annehme, sondern Ihnen hiermit zur Verfügung stelle.

Sie haben die Annahme des Ihnen am 7. April 1909 gesandten Pfeffers verweigert. Ich habe Herrn Klose, Glatz, damals mit der sofortigen Rücksendung beauftragt, trotz aller Bemühungen konnte ich den Pfeffer, der mein Eigentum ist, nicht wiedererlangen. Erst nachdem ich durch meinen Rechtsanwalt Herrn Klose ausgefordert habe, kommt Licht in diese Sache, und Sie melden sich nach $2^1/_2$ Jahren. Was ist dies für eine Handlungsweise?

Ich ersuche Sie nun, diese 2 Sack Pfeffer sofort an mich zurückzuschicken, da ich nicht gesonnen bin, diese an Sie zu verkaufen. Geben Sie mir auch Nachricht, was mit den ℳ 131,— geschehen soll.

Für etwaiges Lagergeld komme ich nicht auf, dies zu bezahlen ist Sache des Herrn Klose.

E. Flade.

Entgegnung der Klägerin.

Glatz, am 1. April 1912.

Der Klägerin ist es unbekannt, was der Beklagte mit Klose verhandelt hat. Dies ist auch unerheblich. Denn die Klägerin hat den Beklagten in einem Briefe vom 24. April 1909 ersucht, den Pfeffer zurückzusenden, falls er ihn nicht behalten wolle.

Beweis: Der Beklagte soll diesen Brief vorlegen, über den Empfang des Briefes wird ihr der Eid zugeschoben.

Da der Beklagte den Pfeffer gleichwohl nicht zurückgesandt hat, muß angenommen werden, daß er ihn behalten wollte. Diese

Auffassung kommt auch in dem anliegenden Briefe vom 27. November 1911 zum Ausdruck, welchen der Rechtsanwalt Rißmann namens des Beklagten an die Klägerin gerichtet hat. Die Klägerin selbst ist in ihren Briefen vom 16. November und 2. Dezember 1911 von einer irrigen Rechtsansicht ausgegangen und hat sich bereits in der Klage berichtigt. Der Beklagte hat übrigens den Pfeffer spätestens im Juli 1910 in Verbrauch genommen, hierüber wird ihm der Eid zugeschoben.

Rechtsanwalt A.

Anlage.

Neurode, am 27. November 1911.

An die Firma E. Flade in Bautzen.

Herr Kaufmann Arthur Lehmann in Neurode hat mir die Korrespondenz mit Ihnen zur Prüfung übergeben und seine Vertretung übertragen. Durch Ihr w. Schreiben vom 21. April 1909 haben Sie sich bereit erklärt, um die Sache in Güte beizulegen, Herrn Lehmann den Pfeffer gegen einen Nachlaß von 2 ℳ pro Ztr. zu belassen. Herr Lehmann hat dieses Angebot angenommen, den Pfeffer behalten und den Kaufpreis an Sie eingesandt. Ihr Anspruch auf Herausgabe ist deshalb nicht gerechtfertigt.

Bemerkt wird nur nebenbei, daß Ihr Herr Vertreter Klose sich um den fraglichen Pfeffer seit 1909 nicht mehr gekümmert hat. Darin mußte ebenfalls eine Zustimmung zum Verbrauch des Pfeffers gefunden werden. Herr Lehmann will weiter mit Ihnen in Geschäftsverbindung treten und hofft, daß damit die Streitsache erledigt ist. Ich bitte Sie ergebenst um gefl. Erklärung hierauf.

Hochachtungsvoll

Rißmann, Rechtsanwalt.

Erwiderung des Beklagten.

Glatz, am 16. April 1912.

Der Klägerin war bekannt, daß der Beklagte das Angebot vom 21. April 1909 nicht angenommen hat. Sie hat deshalb den Klose beauftragt, den Pfeffer zurückzunehmen und an Sie zurückzusenden.

Der Beklagte bestreitet, einen Brief vom 24. April 1909 erhalten zu haben und nimmt den zugeschobenen Eid an.

In dem Briefe des Rechtsanwalts Rißmann vom 27. November 1911 steht nichts davon, daß der Beklagte das Vergleichsangebot bereits im Jahre 1909 angenommen habe. Eine solche Erklärung hätte der Information des Beklagten widersprochen.

Der Beklagte ist bereit, zu beschwören, daß er den Pfeffer erst im Mai 1911 in Verbrauch genommen hat.

Rechtsanwalt B.

Schriftsatz der Klägerin.

Glatz, am 10. Mai 1912.

Der Beklagte kann Lagergeld schon deshalb nicht beanspruchen, weil er durch seine Handlungsweise — Veräußerung der Ware und Zahlung des Kaufpreises, ohne sich Lagergeldansprüche dabei vorzubehalten — auf Lagergeld stillschweigend verzichtet hat. Es wird auch die Angemessenheit des geforderten Betrages bestritten.

Rechtsanwalt A.

Fall 10.

Rittner gegen Weber.

Antrag

der Firma Karl Rittner, Modewaren- und Konfektionshaus in Glatz,
gegen
den Hotelbesitzer Richard Weber in Neurode
auf Erlassung einer einstweiligen Verfügung.

Glatz, am 16. September 1912.

Die Antragstellerin hat im Dezember 1911 auf Bestellung des Hotelbesitzers Weber in dessen Hotelneubau in Neurode die Fußböden mit Linoleum belegt und die erforderlichen Materialien geliefert. Es wurden 96 qm Korklinoleum und 193,20 qm Motledlinoleum gelegt. Hierfür ist einschließlich des Verlegerlohnes eine Vergütung von 828,84 ℳ angemessen. Zur Glaubhaftmachung überreiche ich eine Versicherung an Eidesstatt des Buchhalters Ulrich.

Die Antragstellerin beantragt,

im Wege der einstweiligen Verfügung anzuordnen, daß zur Sicherung ihres Anspruchs auf Eintragung einer Sicherungshypothek für die Forderung von 828,84 ℳ und 4 Hundertstel Zinsen seit dem 1. Januar 1912 im

Grundbuche des Hotelgrundstücks Nr. 134 des Grundbuches von Neurode eine Vormerkung eingetragen wird.

Rechtsanwalt A.

Anlage.

Im Dezember 1911 hat mein Chef, Herr Karl Rittner in Glatz, an den Hotelbesitzer Richard Weber in Neurode zu dessen Hotelneubau Nr. 134 des Grundbuchs von Neurode 96 qm Korklinoleum und 193,20 qm Motledlinoleum geliefert und verlegt. Der Preis hierfür beträgt nach den ordnungsmäßig geführten Handelsbüchern des Herrn Rittner 828,84 ℳ. Das versichere ich an Eidesstatt.

Glatz, am 15. September 1912.

Konrad Ulrich.

Beschluß

in Sachen der Firma Karl Rittner, Modewaren- und Konfektionshaus in Glatz, Antragstellerin,

Prozeßbevollmächtigter: Rechtsanwalt A in Glatz,

gegen

den Hotelbesitzer Richard Weber in Neurode, Antragsgegner.

Die Antragstellerin hat durch eine Versicherung an Eidesstatt des Buchhalters Konrad Ulrich vom 15. September 1912 glaubhaft gemacht, daß ihr als Unternehmerin eines Teiles eines Bauwerks, das auf dem dem Antragsgegner gehörenden, im Grundbuche von Neurode auf Blatt Nr. 134 verzeichneten Grundstücke errichtet worden ist, aus dem Werkvertrage eine Forderung von 828,84 ℳ (in Buchstaben: Achthundertachtundzwanzig Mark 84 Pfg.) nebst 4 Hundertstel Zinsen seit dem 1. Januar 1912 gegen den Antragsgegner für geleistete Arbeiten und gelieferte Materialien zustehe. Auf ihren Antrag wird daher im Wege der einstweiligen Verfügung angeordnet:

Für die Antragstellerin ist in Höhe des angegebenen Betrages auf dem bezeichneten Grundstücke eine Vormerkung zur Sicherung des Anspruchs auf Einräumung einer Sicherungshypothek von gleicher Höhe einzutragen und das Grundbuchamt von Gerichts wegen um diese Eintragung zu ersuchen.

Glatz, am 17. September 1912.

Kgl. Landgericht, 1. Zivilkammer.
gez. Groth Schneider Brie

Widerspruch.

Glatz, am 10. Oktober 1912.

Der Hotelbesitzer Richard Weber erhebt gegen die einstweilige Verfügung des Kgl. Landgerichts in Glatz vom 17. September 1912 Widerspruch und beantragt,

> diese einstweilige Verfügung aufzuheben, die Kosten des Verfahrens der Antragstellerin aufzulegen und das Urteil für vorläufig vollstreckbar zu erklären.

Die Antragstellerin hat keinen Anspruch auf Bestellung einer Sicherungshypothek, weil das Vertragsverhältnis der Parteien kein Werkvertrag, sondern ein Kauf ist. Die Hauptleistung, die dem Antragsteller oblag, war die Lieferung des Linoleums, das Verlegen war lediglich eine Nebenleistuug, da das Linoleum nur an hölzerne Leisten der Fußböden angenagelt wurde.

Überdies ist das Linoleum sehr mangelhaft verlegt worden, wie die anliegenden Versicherungen an Eidesstatt des Möbelfabrikanten Kabierschke und des Malermeisters Gröger ergeben. Aus diesem Grunde hat der Antragsgegner die Abnahme verweigert und in den Akten 2 O 162/12 gegen die jetzige Antragstellerin Klage auf Rücknahme des Linoleumbelags erhoben.

Schlimmstenfalls bittet der Antragsgegner, die einstweilige Verfügung gegen eine von ihm zu leistende Sicherheit aufzuheben und die Höhe der Sicherheit unter Berücksichtigung der Versicherung des Gröger auf 150 ℳ festzusetzen; er ist aber auch zu jeder höheren Sicherheitsleistung, die das Gericht für erforderlich hält, bereit.

Rechtsanwalt B.

1. Anlage.

Breslau, am 25. Mai 1912.

Auf Ersuchen des Herrn Hotelbesitzers Richard Weber in Neurode habe ich am 10. April 1912 den Linoleumbelag der Fußböden seines Hotelneubaues besichtigt. Mein Urteil geht dahin, daß das Linoleum nicht ordnungsgemäß, sondern sogar an einigen Stellen recht unsauber verlegt worden ist. Es zeigt an einzelnen Stellen größere schwarze Flecke, welche wohl vom Untergrund herrühren und dem Belage ein altes, verbrauchtes Aussehen geben. Einige Stellen sind vollständig blasig, d. h. das Linoleum klebt nicht auf dem Unterboden oder hat sich in kürzester Zeit von diesem abgelöst. Im Flur des Erdgeschosses befindet sich eine

Stelle von zwei ganzen Linoleumbreiten, die entfernt und durch neues Linoleum ersetzt werden muß, da der Untergrund verschiedene Vertiefungen aufweist.

Dieser Fehler findet sich auch an anderen Stellen. Bei der gesamten Arbeit ist nicht die Sorgfalt, welche zum Verlegen von Linoleum auf Zement erforderlich ist, beobachtet worden.

Georg Kabierschke, Möbelfabrikant.

2. Anlage.

Glatz, am 25. September 1912.

Hierdurch bescheinige ich, daß der Linoleumbelag im Erdgeschoß und im ersten Obergeschoß des Hotelneubaues des Herrn Richard Weber in Neurode hauptsächlich durch zu zeitiges und unsachgemäßes Verlegen nicht abnahmefähig ist. Der Wert beträgt höchstens 150 ℳ. Dies versichere ich an Eidesstatt.

Karl Gröger, Malermeister.

Schriftsatz der Antragstellerin.

Die Antragstellerin beantragt,

> die einstweilige Verfügung des Kgl. Landgerichts in Glatz vom 17. September 1912 zu bestätigen, die Kosten des Verfahrens dem Antragsgegner aufzulegen und das Urteil für vorläufig vollstreckbar zu erklären.

Das Vertragsverhältnis der Parteien ist kein Kauf, sondern ein Werkvertrag. Das Linoleum wurde auf dem Zementfußboden aufgeklebt und außerdem an Holzleisten, die in Abständen gelegt wurden, angenagelt.

Die Antragstellerin bestreitet die vom Gegner behaupteten Mängel. Sie hat das Linoleum sachgemäß verlegt. Wenn sich trotzdem Mängel gezeigt haben sollten, so sind sie nur darauf zurückzuführen, daß auf Drängen des Gegners das Linoleum verlegt werden mußte, während der Zementestrich noch feucht war, sowie darauf, daß nach dem Verlegen durch die andauernd offen gehaltenen Haustüren die Kälte eingedrungen ist, und daß über das frisch verlegte Linoleum alsbald ein starker Verkehr stattgefunden hat, so daß das Linoleum sich loslösen und Blasen bilden mußte. Ich überreiche zwei Versicherungen an Eidesstatt der Tapezierer Neumann und Gabriel.

Rechtsanwalt A.

1. Anlage.

Der im Erdgeschoß und im ersten Obergeschoß des Weberschen Neubaues befindliche Zementunterboden enthielt, als Herr Weber mich dringend um Verlegung des Linoleum ersuchte, noch eine Menge feuchter Stellen, die eine saubere, tadellose und dauerhafte Ausführung der Linoleumarbeiten von vornherein ausschloß. Da ich, sowie Herr Rittner Bedenken aussprach, wurde der Zementestrich mit einer Isolierschicht versehen.

Wenn sich nachträglich noch Blasen im Linoleumbelage gezeigt haben, so sind diese Mängel nach meiner festen Überzeugung nur auf den fehlerhaften Unterboden zurückzuführen.

Dies versichere ich an Eidesstatt.

Glatz, am 18. Oktober 1912.

Rudolf Neumann,
Tapezierer und Linoleumverleger.

2. Anlage.

Den im Neubau des Herrn Richard Weber in Neurode verlegten Linoleumbelag habe ich heute im Auftrage des Herrn Rittner besichtigt und gebe mein Gutachten dahin ab, daß wohl verschiedene Schäden vorhanden sind, der Linoleumbelag aber darum nicht als unverwendbar bezeichnet werden kann. Durch einige Ausbesserungen wird der Linoleumbelag wieder derart hergestellt, daß die größten Schäden, die vor allen Dingen durch einen schlechten Unterboden entstanden sind, wenig zu sehen sein werden.

Erwähnen will ich nur, daß man im Monat Dezember bei großer Kälte Linoleum im Vorflure auf Zementunterböden überhaupt nicht verlegen kann, zumal wenn der Unterboden nicht ganz trocken ist. Das andauernde Öffnen der Türen im Flure, ebenso das Überschreiten der Linoleumbahnen, die noch nicht fest verlegt waren, durch Hunderte von Menschen mußte der sauberen Ausführung der Arbeiten entschieden Abbruch tun.

Das versichere ich an Eidesstatt.

Glatz, am 17. Oktober 1912.

Reinhold Gabriel,
Tapezierer und Linoleumverleger.

Fall 11.
Berger gegen Pieper.

Klage

des Fabrikanten Ludwig Berger in Glatz
gegen
die Firma Erwin Pieper & Co., Speditionsgeschäft in Glatz
wegen Herausgabe von Frachtgut.

Glatz, am 9. Februar 1912.

Der Kläger beantragt,

> die Beklagte zu verurteilen, die von der Firma A. Rosendorff in Gartz a. d. O. an die Adresse des Klägers mit der Eisenbahn angekommene Sendung Tabak 1 Ballen Märker Einlage A. R. 3877 dem Kläger herauszugeben, die Kosten des Rechtsstreits der Beklagten aufzulegen und das Urteil für vorläufig vollstreckbar zu erklären, nötigenfalls gegen Sicherheitsleistung.

Die Beklagte ist seit Jahren vom Kläger allgemein bevollmächtigt, die für den Kläger auf der Eisenbahnstation Glatz ankommenden Frachtgüter für ihn in Empfang zu nehmen und ihm zuzurollen. Auf Grund dieser Vollmacht hat sie die im Klagantrage bezeichnete Sendung Mitte Januar 1912 für den Kläger von der Eisenbahn in Empfang genommen, dem Kläger aber sodann die Herausgabe verweigert, indem sie unberechtigterweise die Herausgabe von einer vermeintlichen Gegenforderung abhängig macht.

Mit dieser Gegenforderung hat es folgende Bewandtnis: Ende Dezember 1911 ging für den Kläger von Sendung der Firma Lindauer & Co. in Bruchsal ein Ballen Tabak ein, der von der Absenderin zu Unrecht mit einer Nachnahme von etwa 300 ℳ belastet war. Die Beklagte nahm diese Sendung für den Kläger an und bezahlte die Nachnahme, ohne einen Auftrag hierzu vom Kläger erhalten zu haben und ohne vorher den Kläger auch nur angefragt zu haben, ob er trotz der Nachnahme die Sendung annehmen wolle. Der Kläger hat daher die Abnahme des Gutes und die Erstattung der Nachnahme abgelehnt, und die Beklagte verweigert nun dem Kläger die Herausgabe der Gartzer Sendung bis zur Bezahlung der für die Bruchsaler Sendung verauslagten Nachnahme.

Der Kläger sieht sich daher genötigt, auf Herausgabe der Gartzer Sendung zu klagen.

Rechtsanwalt A.

Klagebeantwortung.

Glatz, am 25. Februar 1912.

Die Beklagte beantragt,

die Klage abzuweisen, die Kosten des Rechtsstreites dem Kläger aufzulegen und das Urteil für vorläufig vollstreckbar zu erklären.

1. Die Beklagte bestreitet, die Bruchsaler Sendung ohne Auftrag des Klägers eingelöst zu haben. Vielmehr hat der Kläger der Beklagten am 10. Oktober 1906 schriftliche Vollmacht erteilt, sämtliche auf der Eisenbahnstation Glatz für ihn ankommenden Frachtgüter in Empfang zu nehmen.

Beweis: Die anliegende Vollmachtsurkunde.

Demgemäß hat die Beklagte seit Jahren Güter des Klägers zur Bahn und von der Bahn besorgt und Auslagen, die sie für den Kläger gemacht, mit Guthaben des Klägers verrechnet.

Beweis: Die Handelsbücher der Beklagten.

Die Beklagte hat daher ein unbeschränktes Zurückbehaltungsrecht an sämtlichen Frachtgütern des Klägers.

2. Abgesehen hiervon hat der Inhaber der beklagten Firma schon vor längerer Zeit, als der Kläger anfing unregelmäßig zu zahlen, ihm erklärt, daß die Beklagte ihr Zurückbehaltungsrecht an sämtlichen Gütern des Klägers geltend mache, wenn dieser seinen Verpflichtungen nicht nachkomme. Hiermit hat sich der Kläger einverstanden erklärt.

Beweis: Eideszuschiebung.

Der Grund, warum die Beklagte die Gartzer Sendung zurückhielt, war der, daß die Nachnahme, welche auf der Bruchsaler Sendung lastete, deren Wert um 200 ℳ überstieg, was die Beklagte durch Erkundigung bei dem Absender erfahren hatte.

3. Übrigens hat der Kläger inzwischen sowohl die Gartzer, als auch die Bruchsaler Sendung ausgeliefert erhalten, weil die Firma Lindauer & Co. der Beklagten die verauslagte Nachnahme erstattet und ihrerseits gegen den jetzigen Kläger Klage auf Zahlung des fraglichen Betrages erhoben hat. Der vorliegende Rechtsstreit dürfte also in der Hauptsache erledigt sein.

Rechtsanwalt B.

Anlage.

Glatz, den 10. Oktober 1906.

Ich zeige der Königlichen Güterabfertigungsstelle Glatz hiermit an, daß ich die Spediteure Erwin Pieper & Co. zur Empfangnahme der für mich ankommenden sowie zu versendenden Güter und der Benachrichtigung, sowie zur Quittungsleistung beauftragt habe.

Ludwig Berger, Zigarrenfabrikant.

Entgegnung des Klägers.

Glatz, am 11. März 1912.

Die Beklagten hatten kein Recht, die Gartzer Sendung zurückzuhalten. Denn der Kläger war der Beklagten nichts schuldig, insbesondere nicht die auf der Bruchsaler Sendung ruhende Nachnahme, da die Beklagte diese ohne Auftrag des Klägers bezahlt hatte. Die Urkunde vom 10. Oktober 1906 berechtigte die Beklagten keineswegs, auch Nachnahmesendungen ohne vorhergehende Anfrage und besonderen Auftrag des Klägers in Empfang zu nehmen und die Nachnahme zu bezahlen. Es wurde auch in der langjährigen Geschäftsverbindung der Parteien stets so gehalten, daß die Beklagten bei Eingang von Nachnahmesendungen zuvor den Kläger anfragte, ob sie die Nachnahme einlösen solle.

Beweis: Zeugnis des Buchhalters des Klägers, Josef Lepke in Glatz.

Der unter 2 der Klagebeantwortung zugeschobene Eid wird angenommen.

Es ist richtig, daß inzwischen der Rechtsstreit in der Hauptsache sich dadurch erledigt hat, daß die Beklagte die Gartzer Sendung herausgegeben hat. Die Beklagte hat aber dafür 2 ℳ 50 ₰ Lagergeld verlangt, und der Kläger hat diesen Betrag unter Vorbehalt der Rückforderung bezahlt.

Außerdem ist dem Kläger durch die verspätete Ablieferung ein Schaden in Höhe von 9 ℳ erwachsen. Es mußte nämlich, um seine Arbeiter weiter beschäftigen zu können, durch Eilfracht von der Firma A. Rosendorff einen zweiten Ballen Märker Einlage beziehen. Die Eilfracht kostete das Doppelte der gewöhnlichen Fracht, nämlich 18 ℳ anstatt 9 ℳ.

Beweis: Zeugnis des Werkmeisters Niedenführ in Glatz bei dem Kläger.

Der Kläger beantragt daher,

die Beklagte zu verurteilen, an ihn 11 ℳ 50 ₰ zu zahlen, ihr die Kosten des Rechtsstreits aufzulegen und das Urteil für vorläufig vollstreckbar zu erklären.

Rechtsanwalt A.

Erwiderung der Beklagten.

Glatz, am 25. März 1912.

Die Beklagte bestreitet die Behauptungen des Klägers. Die Geschäftsbücher der Beklagten werden ergeben, daß sie stets ohne besondere Genehmigung des Klägers Nachnahmen eingelöst und mit Guthaben verrechnet hat, daß der Kläger also die Einlösung der Nachnahmesendungen stillschweigend genehmigt hat.

Rechtsanwalt B.

Schriftsatz des Klägers.

Glatz, am 15. Oktober 1912.

Über das Vermögen des Klägers ist am 15. April 1912 der Konkurs eröffnet und der Kaufmann Alwin Eberhard in Glatz zum Konkursverwalter ernannt worden. Namens des Konkursverwalters nehme ich das Verfahren auf.

Rechtsanwalt A.

Fall 12.

Volkmer gegen Brauner.

Klage

der Firma Uhrenfabriken A. Volkmer & Co., G. m. b. H., in Wünschelburg, vertreten durch ihren Geschäftsführer Eduard Volkmer in Wünschelburg,

gegen

den Weichensteller August Brauner früher in Wünschelburg, jetzt in Glatz, wegen Lehrgeldes.

Glatz, am 3. Oktober 1912.

Die Klägerin beantragt,

den Beklagten zu verurteilen, an sie 50 ℳ und vier Hundertstel Zinsen seit der Klagezustellung zu zahlen und das Urteil für vorläufig vollstreckbar zu erklären.

Der minderjährige Sohn des Beklagten, Paul Brauner, wurde mit Genehmigung des Vaters durch Vertrag vom 21. April 1908 von der Klägerin als Lehrling zur Erlernung der Uhrmacherei angenommen. Im § 2 des Vertrages ist bestimmt, daß der Lehrling nach Beendigung der vierjährigen Lehrzeit noch zwei Jahre als Gehilfe bei der Klägerin zu verbleiben hat, und im § 5 ist für den Fall der Zuwiderhandlung gegen diese Bestimmung vereinbart, daß der Vater des Lehrlings als Entschädigung für den empfangenen Unterricht 50 ℳ zu zahlen hat.

Beweis: Die anliegende Vertragsurkunde vom 21. April 1908.

Paul Brauner hat am 7. September d. J. ohne jeden Grund die Arbeit bei der Klägerin aufgegeben und weigert sich, das Arbeitsverhältnis fortzusetzen. Dadurch ist die Entschädigung von 50 ℳ fällig geworden.

Rechtsanwalt A.

Anlage.

Lehrvertrag.

Zwischen den Uhrenfabrikanten A. Volkmer & Co., G. m. b. H., in Wünschelburg und dem Weichensteller Herrn August Brauner, Vater des minderjährigen Sohnes Paul, wird folgender Lehrvertrag geschlossen.

§ 1.

Die Uhrenfabriken A. Volkmer & Co., G. m. b. H., nehmen den minderjährigen Paul Brauner in ihre mit der Fabrik verbundene Lehrabteilung auf, welche den Zweck hat, brauchbare Arbeitskräfte für die Uhrenfabriken A. Volkmer & Co., G. m. b. H., heranzubilden, und verpflichten sich, den Lehrling in einer seinen Fähigkeiten entsprechenden Partie unterrichten und ausbilden zu lassen.

§ 2.

Durch Antritt der Lehre, welche mit dem 2. April 1908 begonnen hat und nach Verlauf von vier hintereinander folgenden Jahren, d. i. am 2. April 1912 endet, verpflichtet sich der Lehrling dagegen, nach vollendeter Lehrzeit noch zwei weitere Jahre in der Fabrik zu verbleiben, worüber sich die Uhrenfabriken Volkmer & Co., G. m. b. H., nähere schriftliche Vereinbarungen vorbehalten.

§ 3.

Der Lehrling Paul Brauner hat in dem Geschäft der Uhrenfabriken A. Volkmer & Co., G. m. b. H., treu und fleißig zu arbeiten und sich in die bestehende Fabrikordnung zu fügen. Er hat die ihm von den Lehrherren anvertrauten Maschinen und Werkzeuge in einem guten Zustande zu erhalten und darüber ein genaues Verzeichnis zu führen und darf sie weder verleihen, noch irgend jemandem zeigen oder beschreiben. Auch ist ihm streng untersagt, solange er in dem Geschäft der Uhrenfabriken A. Volkmer & Co., G. m. b. H., beschäftigt ist, Arbeiten seines Faches für andere auszuführen. Übertretungen dieses Verbots werden mit einer an die Uhrenfabriken A. Volkmer & Co., G. m. b. H., zu entrichtenden Geldstrafe bis zu 3 ℳ bestraft.

§ 4.

Lehrgeld wird nicht bezahlt, dagegen übernimmt der Vater des Lehrlings die Beschaffung der Beköstigung, Bekleidung und Wohnung desselben während der vierjährigen Lehrzeit.

Für die ersten sechs Monate erhält der Lehrling wöchentlich 2 ℳ, im zweiten Halbjahre 2,50 ℳ und so fort bis zu 5,50 ℳ im vierten Lehrjahre. Während des fünften und sechsten Jahres wird er als Gehilfe betrachtet und je nach Ermessen der Lehrherren bei Fleiß und zufriedenstellenden Leistungen nach den zur Zeit in dem Geschäft der Uhrenfabriken A. Volkmer & Co., G. m. b. H., bestehenden Sätzen für Stückarbeit oder mit einem seinen Leistungen entsprechenden Wochenlohn bezahlt.

§ 5.

Vor Ablauf der sechsjährigen Vertragsfrist darf Paul Brauner das Geschäft der Uhrenfabriken A. Volkmer & Co., G. m. b. H., wider deren Willen nicht verlassen, außer wenn er zu einem anderen Gewerbe oder Berufe übergeht. In diesem Falle, sowie auch dann, wenn die Uhrenfabriken A. Volkmer & Co., G. m. b. H., das von ihm gewünschte Ausscheiden genehmigen, oder wenn dieselben ihn auf Grund der §§ 123 und 123a der Gewerbeordnung vor Ablauf der Vertragszeit entlassen sollten, zahlt der Vater des des Lehrlings für den empfangenen Unterricht eine Entschädigung von fünfzig Mark an die Uhrenfabriken A. Volkmer & Co., G. m. b. H., wozu sich der Vater hierdurch persönlich und mit seinem Vermögen ausdrücklich verpflichtet.

§ 6.

In allen, in diesem Vertrage nicht vorgesehenen Fällen entscheiden die Bestimmungen der Gewerbeordnung.

Herr August Brauner als Vater, sowie auch Paul Brauner persönlich genehmigen diesen Vertrag, welcher in zwei gleichlautenden Exemplaren ausgefertigt, von beiden Teilen wohlbedächtig durchgelesen, genehmigt und unterschrieben ist.

Wünschelburg, den 21. April 1908.

Uhrenfabriken A. Volkmer & Co.,	Weichensteller
G. m. b. H.	August Brauner,
Eduard Volkmer.	Paul Brauner.

Klagebeantwortung.

Glatz, am 20. Oktober 1912.

Der Beklagte beantragt,

die Klage abzuweisen, die Kosten des Rechtsstreits der Klägerin aufzulegen und das Urteil für vorläufig vollstreckbar zu erklären.

1. Der Lehrvertrag vom 21. April 1908 ist wegen Verstoßes gegen die guten Sitten nichtig. Nach § 4 der Vertragsurkunde wird zwar der Lehrling vom fünften Jahre als Gehilfe betrachtet, er erhält aber seinen Lohn lediglich nach dem Ermessen der Lehrherren. Er hat also keine anderen Rechte als vorher, er wird nicht frei, sondern bleibt Lehrling. Der Lehrvertrag lautet demnach in Wahrheit auf sechs Jahre. Das Bestreben der Klägerin bei Abschließung solcher Lehrverträge geht dahin, die Arbeitskraft der

Lehrlinge auszubeuten. Der Lehrling muß vier volle Jahre lernen und dann für einen Hungerlohn zwei weitere Jahre seine Arbeitskraft in den Dienst der Fabrik stellen. Protest und Murren nützt nichts. Der Mitinhaber der Klägerin, Eduard Volkmer, sagte gelegentlich, als er um eine Lohnerhöhung angegangen wurde, ein Geselle dürfe im ersten Jahre bei ihm nicht mehr als 7 bis 8 ℳ in der Woche verdienen.

Beweis: Zeugnis des Uhrmachers Reinhold Faul in Wünschelburg.

In anderen Uhrenfabriken erhalten die Gehilfen im ersten Jahre bereits 20 ℳ wöchentlich.

Beweis: Zeugnis des Direktors der Vereinigten Uhrenfabriken vorm. Becker & Co. in Freiburg i. Schlesien.

Verläßt aber der Lehrling nach Ablauf der ersten vier Jahre den Dienst der Klägerin, um sich anderweitig einen ausreichenden Verdienst zu suchen, so wird von der Klägerin die im § 5 des Lehrvertrages vorgesehene Vertragsstrafe verhängt. Ein solcher Vertrag verstößt gegen die guten Sitten.

2. Der Sohn des Beklagten hatte aber auch wichtige Gründe, um das Arbeitsverhältnis fristlos zu kündigen. Er erhielt, gleich wie die anderen Angestellten der Kläger, den verdienten Lohn fast nie pünktlich und voll ausbezahlt, weil der Klägerin das Geld zu den Lohnzahlungen fehlte.

Beweis: Zeugnis

1. des Uhrmachers Paul Brauner, jetzt Eisenbahnarbeiter in Glatz,
2. des Uhrmachers Emil Gerlich in Wünschelberg,
3. des Uhrmachers Otto Bittner, daselbst,
4. des Buchhalters Franz Zenker in Schweidnitz,
5. des Heizers Georg Faigt in Mölke.

Der letztgenannte Zeuge hatte einen Lohnrückstand von 80 bis 90 ℳ zu erhalten und mußte, um zu seinem Gelde zu kommen, Uhren an Zahlungsstatt nehmen.

Ferner wurde dem Sohne des Beklagten der Lohn von der Klägerin so niedrig bemessen, daß er zu seinem Unterhalt nicht ausreichte. Er erhielt niemals mehr als 7 bis 8 ℳ wöchentlich Lohn, während alle anderen Arbeiter der Klägerin mehr verdienten. Für Arbeiten, für welche andere 40 ₰ erhielten, bekam er nur

23 ₰. Es wurde ihm auch die langwierigste Arbeit zugewiesen und ihm das schlechteste Handwerkzeug, welches andere zurückwiesen, zugeteilt, sodaß er nicht viel verdienen konnte.

Beweis: Zeugnis der oben genannten
1. Paul Brauner,
2. Emil Gerlich,
3. Otto Bittner.

Der Sohn des Beklagten sollte seinem Vater für Kost und Wohnung monatlich mindestens 20 ℳ zahlen. Dabei verblieb ihm von seinem Lohne fast nichts für Bekleidung und die Bestreitung sonstiger Bedürfnisse. Das Verlangen um Lohnaufbesserung wurde wiederholt von der Klägerin abschlägig beschieden, so auch am 7. September 1912, und es blieb deshalb dem Sohne, wenn er sich und seine Eltern nicht in Not bringen wollte, nichts anderes übrig, als das Arbeitsverhältnis bei der Klägerin zu lösen.

Beweis: Zeugnis des Paul Brauner.

Rechtsanwalt B.

Entgegnung der Klägerin.

Glatz, am 3. November 1912.

1. Der Lehrvertrag verstößt durchaus nicht gegen die guten Sitten. Die Erlernung der Uhrmacherkunst ist langwieriger als die eines anderen Handwerks, und es ist nicht ungewöhnlich, daß in Berufen, deren Erlernung große Anforderungen an die Geschicklichkeit des Arbeiters stellt, die Lehrzeit auch entsprechend länger ist. Aus diesem Grunde und, weil die Klägerin sich einen Stamm tüchtiger Arbeiter heranzubilden sucht, bemißt sie die Lehrverträge auf sechs Jahre. Die Höhe des Lohnes im fünften und sechsten Jahre ist keineswegs willkürlich; denn der Sohn des Beklagten stand in Akkordarbeit, die Höhe des Wochenlohns hing also von seinem Fleiße ab. Regsame Arbeiter seines Alters verdienen in der Regel 12 ℳ wöchentlich, während ältere, geübte Leute auf 20 ℳ und mehr wöchentlich kommen. Übrigens muß bei dem angeblich geringen Lohn berücksichtigt werden, daß Brauner vom ersten Tage an, obwohl er noch nichts leistete, bereits Lohn erhielt.

Beweis: Zeugnis des Betriebsleiters Georg Haase in Wünschelburg.

Es wird bestritten, daß Eduard Volkmer die behauptete Äußerung getan habe.

2. Auch die Behauptungen des Beklagten über Verspätung der Lohnzahlungen sind unrichtig. Es ist wohl vorgekommen, daß die Lohnzahlung aus wichtigen Gründen einmal auf einen späteren Tag verlegt wurde. Dies ist aber in den Jahren 1908 bis 1911 nur dreimal geschehen, und zwar wurde die Lohnzahlung zweimal auf den nächsten, einmal auf den zweitnächsten Wochentag verlegt. Diese Vorkommnisse sind aber so geringfügig, daß sich seinerzeit keiner von den Arbeitern, auch nicht Paul Brauner, dadurch irgendwie beschwert gefühlt hat.

Beweis: Zeugnis des Werkführers Andreas Volkmann in Wünschelburg und Vorlegung der Geschäftsbücher der Klägerin.

Wenn Brauner dies jetzt geltend macht, so ist dies nur ein vorgeschobener Grund. Der wahre Grund seines Wegganges ist, daß ihm die strenge Zucht in der Fabrik der Klägerin und die regelmäßige Tätigkeit nicht behagte.

Daß Paul Brauner nicht mehr verdiente, lag daran, daß er sehr träge und unpünktlich war. Er kam häufig $1/2$ bis 1 Stunde, manchmal sogar 2 Stunden zu spät zur Arbeit und stand oft während der Arbeitszeit, anstatt zu arbeiten, plaudernd bei anderen Arbeitern. Auf diese Weise konnte er natürlich nicht so viel verdienen, wie andere fleißige Arbeiter.

Paul Brauner stand im Stücklohn. Für die Arbeit, welche er zu verrichten hatte, werden den jungen Gehilfen je nach den Leistungen 23 bis 25 ₰ für jedes Stück von der Klägerin gezahlt; dieser Lohn ist angemessen. Daß Paul Brauner nur 23 ₰ für das Stück erhielt, hat darin seinen Grund, daß er nicht sorgfältig genug arbeitete. Das ihm zugeteilte Handwerkzeug war durchaus gebrauchsfähig; wurde es während der Arbeit abgenutzt, so mußte Brauner dies melden.

Beweis: Zeugnis des Werkführers Volkmann.

3. Übrigens sind alle diese Einwendungen des Beklagten unbeachtlich, weil die Klägerin die Entscheidung des Bürgermeisters in Wünschelburg über die Rechtmäßigkeit der Arbeitsniederlegung des Paul Brauner angerufen, und dieser nach Anhörung der Beteiligten am 24. September 1912 dahin entschieden hat, daß Paul

Brauner verpflichtet sei, das Arbeitsverhältnis fortzusetzen. Diese Entscheidung ist rechtskräftig geworden.

Beweis: Vorlegung der Entscheidung vom 24. September 1912.

Rechtsanwalt A.

Erwiderung des Beklagten.

Glatz, am 18. November 1912.

Der Beklagte bestreitet die abweichenden Behauptungen der Klägerin. Dem Paul Brauner wurde einmal Anfang August 1912 1 ℳ 50 ₰ von seinem Lohne einbehalten, weil es der Klägerin an Geld fehlte. Diese 1 ℳ 50 ₰ erhielt Paul Brauner erst etwa 14 Tage später. Der Lohn für die letzte Woche ist überhaupt noch nicht bezahlt.

Beweis: Zeugnis des Paul Brauner.

Die Entscheidung des Bürgermeisters von Wünschelburg ist nicht gegen den Beklagten ergangen und wirkt daher auch nicht gegen ihn.

Rechtsanwalt B.

Schriftsatz der Klägerin.

Glatz, am 10. Dezember 1912.

Wenn eine Akkordarbeit am Schlusse der Woche nicht fertiggestellt ist, erhält der Arbeiter auf diese Arbeit Vorschuß, und es erfolgt die endgültige Abrechnung nach Fertigstellung der Arbeit. Aus einer solchen Abrechnung verblieb einmal dem Paul Brauner ein Betrag von 1 ℳ 74 ₰, den er der Geringfügigkeit halber nicht alsbald ausgezahlt haben wollte. Am folgenden Lohntage war er mit seiner Arbeit wiederum nicht fertig und verlangte Vorschuß. Dieser wurde ihm gewährt, und hierbei wurden ihm zugleich die 1 ℳ 74 ₰ ausgezahlt. Dies sind offenbar die 1 ℳ 50 ₰, von denen der Beklagte in dem Schriftsatze vom 18. November 1912 spricht. Am 7. September 1912 wurde dem Paul Brauner der ihm noch zustehende Lohnbetrag von 10 ℳ 05 ₰ ausgezahlt.

Beweis: Zeugnis des Buchhalters Schurz in Wünschelburg.

Rechtsanwalt A.

Fall 13.

Winkler gegen Kolbe.

Klage
des Stellenbesitzers August Winkler in Königswalde
gegen
den Rentner Wilhelm Kolbe in Königswalde
wegen Darlehns.

Glatz, am 15. August 1912.

Der Kläger beantragt,

festzustellen, daß die vom Beklagten erklärte Kündigung des Darlehns von 1000 ℳ unwirksam ist, die Kosten des Rechtsstreits dem Beklagten aufzulegen und das Urteil für vorläufig vollstreckbar zu erklären.

Der Kläger hat im Jahre 1904 vom Kläger ein Darlehn von 1000 ℳ erhalten, das abredegemäß mit 4% in vierteljährlichen Teilen zu verzinsen ist. Bei der Auszahlung des Darlehns wurde vereinbart, daß es sechs Monate nach Kündigung zurückgezahlt werden solle.

Beweis: Eideszuschiebung.

Am 1. Juni 1912 empfing der Kläger folgenden Brief des Beklagten.

„Hierdurch kündige ich Ihnen das im Jahre 1904 gegebene Darlehn und fordere Rückzahlung nach drei Monaten, also am 1. September.

Königswalde, am 1. Juni 1912.

Wilhelm Kolbe."

Der Kläger antwortete in einem Briefe vom 29. Juli 1912, daß er der Kündigung widerspreche, weil eine sechsmonatige Kündigungsfrist vereinbart worden sei. Hierauf antwortete der Beklagte in einem Briefe vom 10. August 1912, daß eine Kündigungsfrist überhaupt nicht vereinbart worden sei, am wenigsten eine solche von sechs Monaten, daß er aber nachgeben wolle und die Rückzahlung des Darlehns erst für den 1. Dezember 1912 fordere.

Die Kündigung vom 1. Juni 1912 ist unwirksam, weil sie gegen die bei der Hingabe des Darlehns getroffene Vereinbarung verstieß.

Der Kläger hat ein begreifliches Interesse, durch Richterspruch feststellen zu lassen, ob er die Darlehnssumme am 1. Dezember 1912 zurückzahlen muß.

Rechtsanwalt A.

Klagebeantwortung.

Glatz, am 25. August 1912.

Der Beklagte beantragt,

die Klage abzuweisen, die Kosten des Rechtsstreits dem Kläger aufzulegen und das Urteil für vorläufig vollstreckbar zu erklären.

Der Beklagte bestreitet unter Eidesannahme, daß eine Kündigungsfrist von sechs Monaten vereinbart worden sei, und schiebt, falls er beweispflichtig sein sollte, dem Kläger den Eid darüber zu, daß bei der Auszahlung des Darlehns von einer Kündigungsfrist überhaupt nicht gesprochen worden ist.

Der Beklagte fordert aber, wie er bereits in dem Briefe vom 10. August erklärt hat, die Rückzahlung erst für den 1. Dezember 1912. Für diesen Zeitpunkt ist die Kündigung vom 1. Juni wirksam, auch wenn eine sechsmonatige Kündigungsfrist vereinbart wäre.

Rechtsanwalt B.

Fall 14.

Knauer gegen Wolf.

Klage

des Schneidermeisters Josef Knauer in Schlegel, Kreis Neurode,
gegen
den Bäckermeister Franz Wolf in Schlegel
wegen Werklohns.

Glatz, am 1. Oktober 1912.

Der Kläger beantragt,

den Beklagten zu verurteilen, an den Kläger 21 ℳ und 4 Hundertstel Zinsen seit dem 21. Juli 1912 zu zahlen, die Kosten des Rechtsstreits dem Beklagten aufzulegen und das Urteil für vorläufig vollstreckbar zu erklären.

Auf Veranlassung des Beklagten hat dessen Geselle Wilhelm Klose sich beim Kläger einen Anzug bestellt. Der Kläger lieferte den Anzug am 14. Juli 1912 dem Klose ab und forderte für den Stoff, die Zutaten und die Arbeit 26 ℳ. Klose erkannte die Angemessenheit der Forderung an, bezahlte aber nur 5 ℳ und bat den Kläger, ihm den Rest auf eine Woche zu stunden. Der Kläger wollte hierauf nicht eingehen und wollte den Anzug wieder mit sich nehmen und bis zur völligen Bezahlung zurückhalten. Da holte Klose den Beklagten herbei und bat ihn, er möge für den Rest von 21 ℳ aufkommen, er könne sich den Lohn von 14 Tagen einbehalten. Der Beklagte äußerte hierauf zum Kläger, er könne es dem Kläger garnicht verdenken, daß er den Anzug nicht ohne Bezahlung aushändigen wolle, sonst würde er wohl oft nichts erhalten; er solle aber gleichwohl den Anzug da lassen, er, der Beklagte, werde die 21 ℳ am Ende der Woche für seinen Gesellen bezahlen und sich mit diesem verrechnen. Alsdann wandte sich der Beklagte an Klose mit dem Bemerken, er müsse den Lohn von 14 Tagen stehen lassen, und Kloße erklärte sich damit einverstanden. Hierdurch ließ der Kläger sich bewegen, den Anzug dem Klose zu überlassen.

Am nächsten Morgen erschien ein Bote in der Wohnung des gerade abwesenden Klägers und überbrachte von der Ehefrau des Beklagten die Aufforderung, der Kläger solle den Anzug wieder abholen. Einige Stunden später traf der Kläger den Beklagten auf der Straße, stellte ihn über diese Aufforderung zur Rede und erhielt von ihm die Antwort: „Das geht meine Frau gar nichts an, Du brauchst keinen Kummer zu haben, Du bekommst Dein Geld von mir.“

Beweis: Eideszuschiebung.

Noch an demselben Tage verschwand der Geselle Klose unter Mitnahme des Anzuges, der Beklagte aber verweigert trotz seines Versprechens die Zahlung.

Rechtsanwalt A.

Klagebeantwortung.

Glatz, am 20. Oktober 1912.

Der Beklagte beantragt,

die Klage abzuweisen, die Kosten des Rechtsstreits dem Kläger aufzulegen und das Urteil für vorläufig vollstreckbar zu erklären, im Falle der Verurteilung des

Beklagten aber ihm nachzulassen, die Zwangsvollstreckung durch Sicherheitsleistung abzuwenden.

Der Beklagte kam am 14. Juli erst hinzu, als Klose sich den vom Kläger gelieferten Anzug bereits angezogen hatte. Davon, daß der Kläger mangels Zahlung den Anzug wieder mit sich nehmen wollte, war nicht die Rede. Klose bat nur den Beklagten, er möge den Lohn der nächsten 14 Tage an den Kläger bezahlen, und der Beklagte sagte darauf zum Kläger: „In acht Tagen zahle ich den ersten Lohn und in 14 Tagen den zweiten Lohn" und ferner zu Klose: „Sie müssen bei der Zahlung dabei sein, damit Sie sehen, daß Ihr Lohn gezahlt wird." Der Beklagte nimmt den ihm zugeschobenen Eid an.

Der Beklagte konnte nicht, wie besprochen, den Lohn an den Kläger abführen, weil Klose bereits am nächsten Tage sich heimlich entfernte, ohne daß er noch Lohn zu fordern hatte. Er hatte nämlich bereits in der Woche vorher 3 ℳ Vorschuß erhalten. Eine Verpflichtung, die von Klose noch geschuldeten 21 ℳ aus eigenem Vermögen an den Kläger zu bezahlen, hat der Beklagte nicht übernommen, eine solche Verpflichtung hätte auch als Bürgschaft schriftlich geschehen müssen, um rechtsgültig zu sein.

Rechtsanwalt B.

Fall 15.

Fuchs gegen Gregor.

Klage

der Firma A. & L. Fuchs in Münsterberg

gegen

Gregors Baugeschäft und Dampfziegeleien G. m. b. H. in Münsterberg, vertreten durch den Geschäftsführer Ernst Gregor in Münsterberg,

wegen Schadensersatzes.

Glatz, am 15. Oktober 1912.

Die Klägerin beantragt,

die Beklagte zu verurteilen, 680 ℳ 87 ₰ und 5 Hundertstel Zinsen seit dem 21. April 1912 an die Klägerin zu zahlen, die Kosten des Rechtsstreits der Beklagten aufzulegen und das Urteil gegen Sicherheitsleistung für vorläufig vollstreckbar zu erklären.

Am 20. April 1912 fuhr der Kutscher der Beklagten, namens August Schäfer, auf deren Weisung eine Ladung Ziegel nach dem von der Beklagten ausgeführten Kunzeschen Neubau in Münsterberg, welcher dem Hause der Klägerin gegenüberliegt. Die Lage wird durch die anliegende Skizze veranschaulicht. Schäfer ließ das Gespann vor dem Laden der Klägerin stehen und begab sich auf den Bauplatz, während das Fuhrwerk ohne Aufsicht und, ohne daß der Kutscher die Bremse angezogen oder sonst eine Sicherungsmaßregel getroffen hatte, zurückblieb. Da der Marktplatz an der Stelle, wo der Wagen hielt, nach der Burgstraße zu nicht unbeträchtlich abfällt, geriet der Wagen in Abwesenheit des Kutschers in Bewegung und drückte die Pferde nach vorwärts, so daß die Deichsel und die Pferde in das große Eckschaufenster der Klägerin hineingerieten. Dieses wurde vollständig zertrümmert, und ein Teil der im Schaufenster befindlichen Sachen wurde teils zerstört, teils beschädigt.

Beweis: Zeugnis des Polizeisergeanten Albert Krause und des Bäckermeisters Fridolin Eckert in Münsterberg.

Die Beklagte ist verpflichtet, den durch ihr Gespann verursachten Schaden der Klägerin zu erstatten. Der Geschäftsführer Gregor erschien auch auf die telephonische Mitteilung des Unfalls alsbald bei der Klägerin, erkannte die Schadensersatzpflicht der Beklagten an und bat um Zusendung der Rechnung und der beschädigten Sachen.

Beweis: Eideszuschiebung.

Trotzdem verweigert die Beklagte jetzt die Zahlung.

Der Schaden der Klägerin beträgt insgesamt 680 ℳ 87 ₰, nämlich

eine neue Schaufensterscheibe	500,00 ℳ,
11 m und 12 m Stoff Nr. 112 zu 1,60 ℳ	36,80 „
10 m und 11 m Stoff Nr. 109 zu 1,45 ℳ	30,45 „
13,20 m Stoff Nr. 681 zu 2,85 ℳ	37,62 „
4 Glasplatten, geschliffen, zu 10,40 ℳ	41,60 „
4 Blusen beschädigt, aber noch brauchbar, für jedes Stück 1,50 ℳ	6,00 „
4 Krawattenständer zu 0,85 ℳ	3,40 „
1 Wachskopf	25,00 „
	680,87 ℳ.

Beweis: Zeugnis des Glasermeisters Krusche und der Verkäufer der Klägerin Ernst Brieger und Siegfried Cohn.

Rechtsanwalt A.

Anlage.

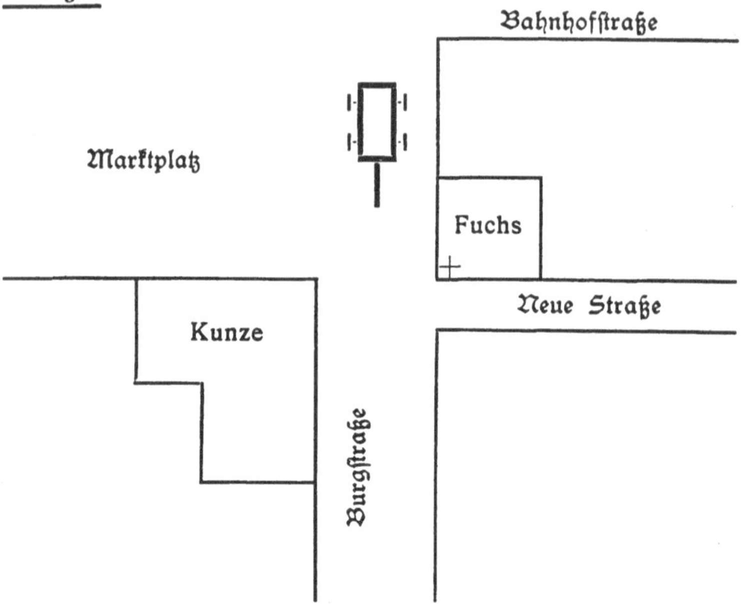

Klagebeantwortung.

Glatz, am 25. Oktober 1912.

Die Beklagte beantragt,

die Klage abzuweisen, die Kosten des Rechtsstreits der Klägerin aufzulegen und das Urteil für vorläufig vollstreckbar zu erklären.

Die Beklagte bestreitet den Klaganspruch nach Grund und Betrag.

Der Unfall hat sich folgendermaßen zugetragen: der Kutscher Schäfer hielt mit dem Gespann vor dem Laden der Klägerin und begab sich nach der Baustelle, um sich bei dem Polier zu erkundigen, wohin er die Ziegel fahren solle. Ehe er das Gespann verließ, strängte er das Sattelpferd an der äußeren Seite aus und legte einen Ziegel vor das linke Vorderrad. Er sprach alsdann auf der Burgstraße mit dem Polier; hierbei hatte er das Gespann im Auge und war von ihm nur 20 bis 30 m entfernt. Als der Polier ihm gerade zeigte, wohin er die Ziegel fahren solle, machte plötzlich jemand den Schäfer auf sein Gespann aufmerksam, und Schäfer sah, daß das Handpferd nach links drängte, und der Wagen in der Richtung nach dem Schaufenster der Klägerin in Bewegung kam. Schäfer eilte sofort hinzu und fiel den Pferden in die Zügel, konnte aber den Wagen nicht mehr aufhalten, so daß die Deichsel in das Schaufenster hineinfuhr.

Beweis: Zeugnis des Kutschers August Schäfer.

Da hiernach den Kutscher keine Schuld trifft, ist die Beklagte nicht verpflichtet, den Schaden zu ersetzen. Der Geschäftsführer der Beklagten hat auch keineswegs die Schadensersatzpflicht der Beklagten anerkannt, und er nimmt den ihm hierüber zugeschobenen Eid an. Er hat dem Inhaber der Klägerin gegenüber lediglich das Bedauern über den Vorfall ausgesprochen und ihn ersucht, eine Schadensberechnung aufzumachen, wegen des Schadensersatzes aber die Klägerin auf den Allgemeinen Deutschen Versicherungsverein in Stuttgart verwiesen, bei welchem die Beklagte gegen Haftpflicht versichert ist. Möglicherweise hat er hierbei, um die Klägerin zu beruhigen, gesagt, die Versicherung würde wohl zahlen.

Rechtsanwalt B.

Entgegnung der Klägerin.

Glatz, am 31. Oktober 1912.

Die Klägerin bestreitet, daß Schäfer das Sattelpferd ausgesträngt, sowie daß er einen Ziegel vor ein Vorderrad gelegt habe. Dies wäre aber auch nicht ausreichend gewesen. Man pflegt zur Sicherung einen Stein vor ein Hinterrad, nicht vor ein Vorderrad zu legen. Überdies wäre bei der Abschüssigkeit des Platzes das Anziehen der Bremse erforderlich gewesen. Der Kutscher hätte aber überhaupt nicht das Gespann verlassen sollen. Wenn er einer Weisung des Poliers bedurfte, hätte er sich den Polier heranrufen lassen sollen, zumal das eine Pferd noch jung war.

Ein von Schäfer geleitetes Gespann der Beklagten ist auch schon früher einmal in ein Schaufenster, nämlich in dasjenige des Buchhändlers Heinisch in Münsterberg, hineingefahren.

Beweis: Zeugnis des Heinisch.

Rechtsanwalt A.

Erwiderung der Beklagten.

Glatz, am 4. November 1912.

Die Beklagte bestreitet die Behauptungen des Schriftsatzes der Klägerin vom 31. Oktober. Schäfer ist bereits seit vier Jahren als Kutscher im Dienste der Beklagten und hat sich die ganze Zeit hindurch als nüchterner, zuverlässiger und geschickter Kutscher erwiesen. Der in Rede stehende Vorfall ist der erste Unfall, der seinem Gespann in dieser Zeit begegnet ist.

Beweis: Zeugnis des Bauführers der Beklagten, Rudolf Ernst, und des Kutschers Schäfer.

Rechtsanwalt B.

Fall 16.

Wichmann gegen Gärtner.

Klage

des Gutsbesitzers Albrecht Wichmann in Schönwalde, Kreis Frankenstein,
gegen
die volljährige Helene Gärtner in Quickendorf, Kreis Frankenstein,
wegen Beleidigung.

Glatz, am 8. Juli 1912.

Der Kläger beantragt,

die Beklagte zu verurteilen,

1. zur Vermeidung einer Geldstrafe bis zu 1500 ℳ oder einer Haftstrafe bis zu sechs Monaten, die Behauptung zu unterlassen, der Kläger habe die Beklagte verführt und geschwängert,
2. diese Behauptung dem Rentner Wilhelm Gärtner in Quickendorf und dem Gutsbesitzer Finger in Altmannsdorf gegenüber zurückzunehmen.

1. Der Kläger hat sich am 26. Mai 1912 mit Rosalie Hampel, der Tochter des Gutsbesitzers und Gemeindevorstehers Robert Hampel in Altmannsdorf, verlobt. Als bekannt wurde, daß diese Verlobung geplant werde, sandte der Vater der Beklagten, der Rentner Wilhelm Gärtner in Quickendorf, am 8. Mai 1912

einen Brief an die Schwester des Klägers, die Witwe Raßmann in Peterwitz, worin er behauptete, der Kläger habe die Beklagte verführt und geschwängert, und worin er drohte, es zu vereiteln, falls der Kläger sich mit einem anderen Mädchen verloben wolle.

Beweis: Der Brief vom 8. Mai 1912, der vorgelegt werden wird.

Als dann die Verlobung des Klägers veröffentlicht worden war, teilte der Vater der Beklagten in einem Briefe vom 3. Juni 1912 dem Vater der Braut des Klägers wiederum mit, daß der Kläger die Beklagte verführt und geschwängert habe.

Beweis: Der vorzulegende Brief vom 3. Juni 1912.

Hierauf ist der Kläger vom Vater seiner Braut aufgefordert worden, sich von diesem Vorwurf zu reinigen, anderenfalls die Verlobung aufgelöst werden müßte.

2. Die Behauptung des Vaters der Beklagten, der Kläger habe die Beklagte verführt und geschwängert, beruht auf der Mitteilung, welche die Beklagte ihrem Vater gemacht hat.

Beweis: Zeugnis des Vaters der Beklagten.

Die Beklagte hat die gleiche Mitteilung auch dem Gutsbesitzer Finger in Altmannsdorf gemacht.

Beweis: Zeugnis des Finger.

3. Die Mitteilungen der Beklagten sind unwahr. Der Kläger hat zwar von Anfang November 1911 bis in den Januar 1912 mit der Beklagten unter Billigung ihrer Eltern freundschaftlich verkehrt, es hat aber niemals eine geschlechtliche Annäherung stattgefunden, geschweige denn, daß er die Beklagte verführt und geschwängert hätte.

Beweis: Eideszuschiebung.

Wenn die Beklagte jetzt schwanger sein sollte, so ist keinesfalls der Kläger der Vater des zu erwartenden Kindes. Der Kläger hat erfahren, daß die Beklagte, noch ehe der Kläger sie kennen lernte, bereits im Oktober 1911 mit dem Landwirt Robert Zimmer, jetzt in Bernsdorf wohnhaft, in Geschlechtsverkehr gestanden hat.

Beweis: Zeugnis des Zimmer.

Vielleicht ist Zimmer der Vater des zu erwartenden Kindes.

Dem Kläger ist mit Rücksicht auf seine Verlobung viel daran gelegen, sich von dem von der Beklagten gegen ihn erhobenen

Vorwurf zu reinigen und auch zu verhindern, daß die Beklagte die Verleumdung weiterverbreitet. Es würde für ihn von großem Nachteil sein, wenn seine Verlobung mit Rosalie Hampel aufgelöst würde. Nicht nur, daß ihm eine erhebliche Mitgift entginge und ihm die Aussicht genommen würde, in die angesehene Familie Hampel hineinzuheiraten, es würde ihm überhaupt die Möglichkeit einer guten Partie entzogen werden.

Im Wege der Privatklage kann der Kläger sein Ziel nicht erreichen, weil in diesem Verfahren nur die Nichterweislichkeit der Behauptung der Beklagten festgestellt werden könnte. Der Kläger will daher im Wege des Zivilprozesses durch Eideszuschiebung an die Beklagte die Unwahrheit ihrer Behauptung nachweisen.

Rechtsanwalt A.

Klagebeantwortung.

Glatz, am 30. Oktober 1912.

Die Beklagte beantragt,

die Klage abzuweisen, die Kosten des Rechtsstreits dem Kläger aufzulegen und das Urteil für vorläufig vollstreckbar zu erklären.

Die Behauptungen unter Ziffer 1 und 2 der Klageschrift werden nicht bestritten.

Richtig ist auch, daß die Beklagte ihrem Vater mitgeteilt hat, der Kläger habe sie geschlechtlich gebraucht, sie sei von ihm schwanger. Diese Mitteilung entspricht aber der Wahrheit. Die Beklagte hat am 22. Oktober 1912 einen Knaben geboren, den sie von dem Kläger empfangen hat. Die Beklagte nimmt den ihr zugeschobenen Eid an. Mit Zimmer hat sie niemals geschlechtlich verkehrt, wie dieser bezeugen wird.

Rechtsanwalt B.

III. Sachenrecht.

Fall 17.

Aster gegen Birke.

Klage

des Mühlenbesitzers Bernhard Aster in Kunzendorf Kreis Neurode
gegen
1. die Bergmannsfrau Maria Birke geb. Franz,
2. ihren Ehemann, den Bergmann August Birke,
beide in Kohlendorf Kreis Neurode wohnhaft,
wegen Herausgabe von Sparkassenbüchern.

Glatz, am 2. April 1913.

Der Kläger beantragt,

1. die Beklagte Maria Birke zu verurteilen, die Sparkassenbücher Nr. 1979 und Nr. 9447 der Städtischen Sparkasse in Neurode über zusammen etwa 1500 ℳ an die Franz Astersche Nachlaßmasse herauszugeben,
2. den Beklagten August Birke zu verurteilen, die Zwangsvollstreckung dieser Forderung in das eingebrachte Gut seiner Ehefrau zu dulden,
3. die Kosten des Rechtsstreits den Beklagten als Gesamtschuldnern aufzulegen,
4. das Urteil für vorläufig vollstreckbar zu erklären.

Der Kläger ist zusammen mit 41 anderen Personen Erbe des Rentners Franz Aster geworden, der am 10. Oktober 1912 in seinem Wohnorte Kohlendorf verstorben ist, ohne eine letztwillige Verfügung zu hinterlassen.

Beweis: Die Erbscheinsakten 2 VI 49/12 des Königlichen Amtsgerichts in Neurode.

Der Erblasser besaß die beiden im Klageantrage bezeichneten, auf seinen Namen lautenden Sparkassenbücher. Die Beklagte

Maria Birke hat sich diese beiden Bücher nach dem Tode des Erblassers eigenmächtig angeeignet; hierüber wird ihr der Eid zugeschoben. Sie verweigert die Herausgabe der Bücher, indem sie behauptet, daß der Erblasser sie ihr geschenkt habe. Der Kläger bestreitet aber sowohl das Vorliegen einer Schenkung, als auch deren Rechtsgültigkeit.

Rechtsanwalt A.

Klagebeantwortung.

Glatz, am 12. April 1913.

Die Beklagten beantragen,

die Klage abzuweisen, die Kosten des Rechtsstreits dem Kläger aufzulegen und das Urteil für vorläufig vollstreckbar zu erklären, im Falle der Verurteilung der Beklagten aber ihnen nachzulassen, die Zwangsvollstreckung durch Sicherheitsleistung abzuwenden.

Es wird bestritten, daß die beklagte Ehefrau die Sparkassenbücher sich rechtswidrig angeeignet habe. Franz Aster hat sie ihr kurz vor seinem Tode geschenkt, weil seine jetzigen Erben sich gar nicht um ihn gekümmert haben, während die Beklagten ihn gut behandelten und verpflegten.

Beweis der Schenkung: Zeugnis der Mutter der beklagten Ehefrau, der Stellenbesitzerin Agnes Franz in Buchau.

Übrigens spricht für die Beklagte die Eigentumsvermutung des § 1006 BGB.

Rechtsanwalt B.

Entgegnung des Klägers.

Glatz, am 25. April 1913.

Die Beklagten haben es bisher anzugeben unterlassen, wie die angebliche Schenkung vor sich gegangen sein soll. Die Behauptung der Schenkung wird durch folgende Tatsachen widerlegt:

1. Noch zwei oder drei Tage vor seinem Tode wollte Franz Aster die beiden Sparkassenbücher dem Gastwirt Max Kober in Neurode, der ihn um ein Darlehn gebeten hatte, geben, damit er die Sparguthaben abhebe und das Geld als Darlehn nehme.

Beweis: Zeugnis des Kober.

2. Als der beklagte Ehemann eines Tages im Bureau des Justizrats Ferche in Neurode erschien, der namens der Asterschen Erben die Nachlaßgläubiger zur Anmeldung ihrer Forderungen öffentlich aufgefordert hatte, fragte der Justizrat Ferche ihn nach den jetzt streitigen Sparkassenbüchern. Der beklagte Ehemann erwiderte, Aster habe gesagt, er und seine Ehefrau könnten sich die Sparkassenbücher nach seinem Tode nehmen.

Beweis: Zeugnis des Ferche.

3. Es ist auch kein Grund ersichtlich, warum Franz Aster den Beklagten hätte eine solch große Schenkung machen sollen. Er hat etwa drei Jahre lang in dem Hause der Beklagten eine Kammer mietweise bewohnt, auch die Kost von ihnen erhalten und hierfür monatlich 36 bis 38 ℳ an sie bezahlt. Damit waren die Ansprüche der Beklagten völlig abgegolten. Denn Franz Aster war zwar lungenkrank, bedurfte aber nicht besonderer Pflege. Er war vor seinem Tode nur zwei Tage bettlägerig und ist bis dahin ausgegangen und hat leichtsinnig dahin gelebt; noch vier Tage vor seinem Tode ist er in einem Gasthause gewesen.

4. Bei seinem Tode war der den Beklagten geschuldete Pensionspreis für vier Monate rückständig. Es ist ausgeschlossen, daß Franz Aster zur Abgeltung dieser höchstens 160 ℳ betragenden Schuld den Beklagten die beiden Sparkassenbücher geschenkt haben sollte. Wie wenig die Beklagten selbst angenommen haben, daß ihre Forderungen durch die angebliche Schenkung abgegolten seien, geht klar daraus hervor, daß sie ihre Forderung an rückständigem Kostgeld in Höhe von 159 ℳ 30 ₰ bei dem Justizrat Ferche angemeldet haben und überdies noch eine Schadensersatzforderung von 15 ℳ für das Sofa, auf welchem Franz Aster gestorben ist.

Rechtsanwalt A.

Erwiderung der Beklagten.

Glatz, am 5. Mai 1913.

Franz Aster hat schon längere Zeit vor seinem Tode sich mit dem Gedanken getragen, sich den Beklagten, seinen Wirtsleuten, erkenntlich zu zeigen. Diese hatten ihn während seines langjährigen Wohnens gut behandelt und verpflegt, während seine Verwandten, die seine gesetzlichen Erben geworden sind, sich niemals um ihn gekümmert hatten. Er war darüber ärgerlich und wollte seine Verwandten enterben, einen Teil seines Vermögens seinen Wirtsleuten schenken und den Rest für Stiftungen zugunsten der Ortsarmen und armer Schulkinder verwenden. Diese Absicht hat er in den letzten Monaten vor seinem Tode wiederholt geäußert.

Beweis: Zeugnis des Fuhrmanns Kasper Dinter in Kohlendorf und des Gastwirts Karl Zenker in Neurode.

Die Schenkung ist in folgender Weise geschehen. Am Tage vor seinem Tode übergab Franz Aster die beiden Sparkassenbücher der beklagten Ehefrau mit den Worten: „Hier hast du die Bücher, damit du was für deine Mühe und Schererei hast." Daß der beklagte Ehemann den Schenkungsvorgang dem Justizrat Ferche gegenüber in anderer Weise geschildert habe, wird bestritten.

Kurz nach der Schenkung, noch an demselben Tage kam die Mutter der beklagten Ehefrau diese besuchen. Bei dieser Gelegenheit teilte ihr Franz Aster mit, daß er die beiden Sparkassenbücher der beklagten Ehefrau geschenkt habe.

Beweis: Zeugnis der Mutter der beklagten Ehefrau.

Es ist richtig, daß Franz Aster die Sparkassenbücher dem Kober als Darlehn geben wollte. Dies war aber noch vor der Schenkung, zwei Tage vor dem Tode des Aster. Kober wird bezeugen, daß er in der Darlehnsangelegenheit noch einmal am Todestage des Aster zu diesem gekommen ist, als dieser bereits im Sterben lag, und daß zu dieser Zeit bereits die beklagte Ehefrau die Bücher in ihrem Besitz hatte und dem Kober mitteilte, daß Aster ihr die Bücher geschenkt habe.

Daraus, daß der beklagte Ehemann seine Forderung an Kostgeld und Auslagen, insbesondere auch für das Begräbnis des Franz Aster, zu der Nachlaßmasse angemeldet hat, folgt nichts gegen das Vorliegen der Schenkung, denn durch diese sollte die beklagte Ehefrau belohnt, nicht aber jene Forderungen abgegolten werden.

Rechtsanwalt B.

Fall 18.

Grieger gegen Müller.

Klage

des Hotelbesitzers Emanuel Grieger in Landeck

gegen

1. den Kaufmann Paul Müller in Landeck, zurzeit im Gerichtsgefängnis in Glatz,
2. dessen Ehefrau Klara Müller geb. Frommelt in Glatz

wegen Herausgabe eines Pianinos.

Glatz, am 22. Februar 1913.

Der Kläger beantragt,

die Beklagten als Gesamtschuldner zu verurteilen, das dem Kläger durch den notariellen Vertrag vom 28. Juni 1911 übereignete Pianino dem Kläger herauszugeben, die Kosten des Rechtsstreits den Beklagten aufzulegen und das Urteil gegen Sicherheitsleistung für vorläufig vollstreckbar zu erklären.

In dem in Abschrift anliegenden notariellen Vertrage vom 28. Juni 1911 hat der Beklagte Paul Müller dem Kläger ein Pianino übereignet und sich verpflichtet, es für den Kläger aufzubewahren.

Beweis: Die vorzulegende Ausfertigung des Vertrages.

Der Kläger hat nun wiederholt von beiden Beklagten die Herausgabe des Pianinos gefordert, sie verweigern sie aber aus nichtigen Gründen. Die beklagte Ehefrau lebt von ihrem Ehemanne getrennt, sie ist im Besitze des Pianinos.

Rechtsanwalt A.

Anlage.

Nr. 658 des Notariatsregisters für 1911.

Verhandelt

zu Glatz am 28. Juni 1911.

Vor dem unterzeichneten in Glatz wohnhaften Notar im Bezirke des Königlichen Oberlandesgerichts Breslau,

Justizrat Otto Kühne,

erschien heute, dem Notar bekannt,

der Kaufmann Paul Müller aus Landeck

und erklärte:

Der Hotelbesitzer Emanuel Grieger in Landeck hat für mich wegen einer Forderung, die dem Vorschußverein in Landeck gegen mich zusteht, die Bürgschaft übernommen. Zur Sicherheit der Ansprüche, die Herrn Grieger aus dieser Bürgschaft mir gegenüber entstehen werden, habe ich ihm das Eigentum an dem mir gehörigen, in meiner Wohnung in Landeck befindlichen Pianino im Werte von 650 ℳ übertragen und mich verpflichtet, das Pianino für ihn unentgeltlich aufzubewahren. Er ist verpflichtet, nach Auflösung des Bürgschaftsverhältnisses das Eigentum an dem Pianino auf mich zurückzuübertragen. Ausfertigung dieser Verhandlung ist Herrn Grieger zu übersenden.

Dieses Protokoll ist dem Beteiligten in Gegenwart des Notars vorgelesen, von ihm genehmigt und eigenhändig, wie folgt, unterschrieben worden.

Paul Müller.
Otto Kühne, Notar.

Klagebeantwortung des Beklagten Paul Müller.

Glatz, am 3. März 1913.

Der Beklagte beantragt,

die Klage gegen den Beklagten 1 abzuweisen, die Kosten des Rechtsstreites dem Kläger aufzulegen und das Urteil für vorläufig vollstreckbar zu erklären.

Die der Klage beigefügte Urkunde vom 28. Juni 1911 enthält nur eine einseitige Erklärung des beklagten Ehemannes, ein Vertrag ist darin nicht beurkundet, das Zustandekommen eines Übereignungsvertrages wird bestritten.

Der Kläger ist auch mit seinen Ansprüchen aus dem Bürgschaftsverhältnisse befriedigt. Allerdings hat er als Bürge die Darlehnsschuld des beklagten Ehemannes von 1000 ℳ an die Gläubigerin, den Vorschußverein in Landeck, bezahlen müssen, weil über das Vermögen des beklagten Ehemannes im September 1912 das Konkursverfahren eröffnet worden ist. Der Kläger hat aber seine Forderung im Konkursverfahren in voller Höhe angemeldet, sie ist in voller Höhe festgestellt worden, und der Kläger hat auf Grund des demnächst geschlossenen Zwangsvergleichs die Zwangsvergleichsquote (20 %) voll ausgezahlt erhalten und vorbehaltlos angenommen.

Beweis: Die Konkursakten des Königlichen Amtsgerichts in Landeck N 5/12 und Zeugnis des Konkursverwalters Rechtsanwalt Kluge.

Da hiernach der Kläger keine Forderung mehr gegen den beklagten Ehemann hat, verstößt es gegen Treu und Glauben und gegen den Zweck der fiduziarischen Eigentumsübertragung, daß der Kläger nunmehr auf Grund seines angeblichen Eigentums die Herausgabe des Pianinos verlangt.

Rechtsanwalt B.

Klagebeantwortung der Beklagten Klara Müller.

Glatz, am 4. März 1913.

Die Beklagte Klara Müller beantragt,

> die Klage gegen die Beklagte 2 abzuweisen, die Kosten des Rechtsstreits dem Kläger aufzulegen und das Urteil für vorläufig vollstreckbar zu erklären.

Das streitige Pianino ist Eigentum der beklagten Ehefrau. Es ist im April 1908 mit Mitteln ihres eingebrachten Gutes angeschafft worden. Zum Beweise hierfür wird ein Sparkassenbuch der beklagten Ehefrau vorgelegt werden, wonach am 10. April 1908 800 ℳ von dem Sparguthaben abgehoben sind. Die Schwester der Beklagten, die Verkäuferin Margarete Frommelt in Glatz, wird bekunden, daß dieses Geld zur Bezahlung des Pianinos verwendet worden ist. Der beklagte Ehemann war also nicht berechtigt, über das Pianino zu verfügen. Der Vertrag vom 28. Juni 1911 ist ohne Wissen der beklagten Ehefrau geschlossen.

Rechtsanwalt C.

Entgegnung des Klägers.

Glatz, am 13. März 1913.

Der Übereignungsvertrag ist, wie folgt, zustandegekommen.

Der Kläger hatte für eine Darlehnsschuld des beklagten Ehemannes von 1000 ℳ auf dessen Bitte bei dem Vorschußverein in Landeck Bürgschaft geleistet. Da er selbst dem beklagten Ehemanne für Waren eine größere Summe schuldete, war er für den Fall, daß er als Bürge in Anspruch genommen werden sollte, gedeckt. Der beklagte Ehemann brauchte aber Geld und bat den Kläger um Bezahlung der Waren. Der Kläger stellte die Bedingung, daß der beklagte Ehemann in Ansehung der Bürgschaft ihn anderweit sicherstelle. Dieser schlug vor, er wolle dem Kläger das in Rede stehende Pianino übereignen; der Kläger war damit einverstanden, und beide kamen überein, daß zunächst der Beklagte das Pianino für den Kläger in seiner Wohnung behalten sollte. Der Kläger gab dann dem Beklagten auf, vor einem Notar seine Übereignungserklärung zu Protokoll zu geben und eine Ausfertigung dem Kläger zukommen zu lassen. Hierzu war der Beklagte bereit, und er gab die notarielle Erklärung vom 28. Juni 1911 ab.

Beweis: Eideszuschiebung.

Die notarielle Ausfertigung dieser Urkunde ist dem Kläger am 30. Juni 1911 übersandt worden.

Beweis: Zeugnis des Bureauvorstehers Hermann des Notars Kühne in Glatz.

Der Kläger hat darauf dem beklagten Ehemann mündlich bestätigt, daß er die notarielle Urkunde erhalten habe, es sei jetzt richtig.

Beweis: Eideszuschiebung.

Der Kläger hat allerdings die Zwangsvergleichsquote angenommen, dadurch ist aber sein Eigentumsrecht nicht berührt worden.

Die Behauptung der beklagten Ehefrau, daß das Pianino ihr Eigentum sei, wird durch die notarielle Erklärung ihres Ehemannes vom 28. Juni 1911 widerlegt. Es wird bestritten, daß das Pianino mit Mitteln des eingebrachten Gutes der beklagten Ehefrau angeschafft worden sei. Aber selbst wenn dies der Fall gewesen wäre, hat der beklagte Ehemann es nicht für Rechnung des eingebrachten Gutes erwerben wollen. Er hat es auf seinen Namen, nicht auf den seiner Frau gekauft.

Beweis: Zeugnis des Fabrikanten Kusche in Glatz.

Rechtsanwalt A.

Erwiderung des Beklagten Paul Müller.

Glatz, am 27. März 1913.

Zu der Urkunde vom 28. Juni 1911 ist es auf folgende Weise gekommen. Der Kläger hatte, als er die Bürgschaft übernahm, von vornherein eine Verpfändung des Pianinos gefordert, und der beklagte Ehemann hatte deshalb eine schriftliche Verpfändung ausgestellt und dem Kläger übergeben. Mit dieser Erklärung war der Kläger längere Zeit zufrieden. Dann aber verlangte er, die Verpfändung müsse notariell geschehen. Der Beklagte 1 begab sich deshalb zu dem Notar Justizrat Kühne in Glatz, um die Verpfändung vor ihm zu erklären. Der Notar belehrte ihn aber, daß das nicht gehe und faßte die Erklärung so, wie sie beurkundet worden ist. Der Ausdruck „Eigentum übertragen" ist erstmalig und allein vom Notar gebraucht worden. Der Antrag auf Erteilung der Ausfertigung ist von dem Notar hineingeschrieben worden, ohne daß der Beklagte dies ausdrücklich gewünscht hat. Mit dieser Maßgabe nimmt der Beklagte den ihm zugeschobenen Eid an.

Da die notarielle Urkunde keinen Antrag zur Abschließung eines Vertrages enthält, konnte der Kläger auch keinen Antrag annehmen. Die zweite Eideszuschiebung ist daher unerheblich.

Rechtsanwalt B.

Fall 19.

Mansfeld gegen Felkel.

Klage

des Fideikommißbesitzers Rudolf von Mansfeld in Wölfelsdorf Kreis Habelschwerdt
gegen
den Molkereibesitzer Paul Felkel in Wölfelsdorf
wegen Eigentums.

Glatz, am 30. September 1912.

Der Kläger beantragt,

1. den Beklagten zu verurteilen,
   a) das Eigentum des Klägers an dem sog. Mühlteich in Wölfelsdorf — Parzelle Nr. 47 Kartenblatt 3 der Gemarkung Wölfelsdorf — anzuerkennen und
   b) diese Parzelle dem Kläger pfandfrei aufzulassen,
2. die Kosten des Rechtsstreits dem Beklagten aufzulegen und
3. das Urteil gegen Sicherheitsleistung für vorläufig vollstreckbar zu erklären.

Der Kläger ist der derzeitige Inhaber der Majoratsherrschaft Wölfelsdorf, der Beklagte seit 1911 der Eigentümer des Grundstücks Nr. 147 des Grundbuchs von Wölfelsdorf, der früheren Mittelmühle.

Beweis: die Grundakten, deren Einholung beantragt wird.

Zu dem Fideikommiß des Klägers gehört der 24 a 18 qm große Mühlteich, im Grundsteuerkataster als Parzelle Nr. 47 des Kartenblatts 3 der Gemarkung Wölfelsdorf verzeichnet. Diese Parzelle ist aber irrtümlich im Grundbuch und Kataster als Bestandteil des Grundstücks des Beklagten eingetragen und wird auf Grund dessen zu Unrecht vom Beklagten als Eigentum beansprucht. Das Eigentum der Herrschaft an dieser Parzelle ergibt sich aus folgendem:

1. Der Teich ist bereits im Urbarium von Wölfelsdorf vom 17. April 1788 als zu der Fideikommißherrschaft gehörig erwähnt.

Beweis: Das Urbarium, das der Kläger vorlegen wird.

2. Auch in der Gutskarte ist der Teich als zum herrschaftlichen Besitz gehörig gezeichnet und durch die Grenzsteine Nr. 172—175 begrenzt.

Beweis: Die vorzulegende Gutskarte.

3. In einem unter dem 10. Juni 1858 von dem Kgl. Regierungsfeldmesser Winkler zu dieser Karte aufgenommenen Grenzprotokolle ist ausdrücklich bemerkt, daß diese Grenzsteine die Begrenzung des herrschaftlichen Mühlenteiches und eines dazu gehörigen herrschaftlichen Auenfleckes bilden, und es sind diese Eigentumsgrenzen von dem damaligen Eigentümer des Grundstücks Nr. 147 namens Thaddäus Klapper ausdrücklich anerkannt. Das Protokoll ist von Thaddäus Klapper unterschrieben.

Beweis: Das vorzulegende Protokoll.

4. Demgemäß haben auch die Fideikommißbesitzer seit Menschengedenken, und zwar mindestens seit dem 1. Oktober 1842 den Teich jederzeit frei, offen und ungestört und unter Ausschließung anderer, insbesondere der Vorgänger des Beklagten, eigentümlich genutzt, insbesondere durch Verpachten der Fischerei und Eisnutzung, sowie der Grasnutzung der Teichraine. Auch hat stets die Herrschaft den Teich auf ihre Kosten schlämmen lassen.

Beweis: Zeugnis

1. des Gutsverwalters Oskar Weber,
2. des herrschaftlichen Brauereipächters Wilhelm Kretzschmer,
3. des früheren Schaffers Josef Taßler,

sämtlich in Wölfelsdorf.

5. Die Vorgänger des Beklagten haben niemals Eigentums- oder auch nur Nutzungsrechte an dem Teiche geltend gemacht. Thaddäus Klapper hatte die Mittelmühle bis 1874 zu eigen, dann hatte sie sein Sohn August Klapper bis 1901. Ihm folgte Heinrich Wenzel, von dem der Beklagte sie am 1. Juli 1911 käuflich erworben hat.

Beweis: wie zuvor und Zeugnis des Heinrich Wenzel in Wölfelsdorf.

Auch der Beklagte ist erst ein Jahr nach der Auflassung und Übergabe, nachdem er inzwischen von der falschen Eintragung des Katasters und des Grundbuchs Kenntnis erhalten hatte, mit seinem Anspruche auf das Eigentum des Teiches hervorgetreten, indem er die vom Kläger zum Schlämmen des Teiches entsandten Arbeiter wegschickte.

Rechtsanwalt A.

Klagebeantwortung.

Glatz, am 14. Oktober 1912.

Der Beklagte beantragt,

die Klage abzuweisen, die Kosten des Rechtsstreits dem Kläger aufzulegen und das Urteil für vorläufig vollstreckbar zu erklären.

Der Vorgänger des Beklagten, der Mühlenbesitzer Heinrich Wenzel, hat vor Abschluß des Kaufes, um dem Beklagten den Grundstücksbestand nachzuweisen, ihm einen vom Katasterinspektor in Breslau beglaubigten Auszug aus der Grundsteuergemarkungskarte vom 14. April 1904 und eine Benachrichtigung des Amtsgerichts in Habelschwerdt vom 15. April 1905 vorgelegt. Danach gehörte in Übereinstimmung mit dem Bestandsverzeichnisse des Grundbuchblattes Nr. 147 die Parzelle Nr. 47 zum Grundstücke Nr. 147.

Beweis: Zeugnis des Wenzel und Vorlegung des Kartenauszuges vom 14. April 1904 und der Benachrichtigung vom 15. April 1905.

Der Beklagte hat daher den im Grundbuch verzeichneten Grundstücksbestand einschließlich der streitigen Parzelle gutgläubig erworben. Die Parzelle 47 ist zwar im Kataster und auch im Grundbuch als Wiese bezeichnet; dies rührt aber daher, daß die

Katasterkarte zu einer trockenen Zeit aufgenommen ist, wo der Teich ohne Wasser und sein Grund mit Gras bedeckt war.

Es ist dem Beklagten unbekannt, ob der Kläger und die früheren Fideikommißbesitzer den Teich genutzt haben. Selbst wenn dies aber der Fall gewesen und der Teich früher zum Fideikommiß gehört haben sollte, so ist dieses Eigentum dadurch erloschen, daß Heinrich Wenzel im Jahre 1901 das Grundstück Nr. 147 samt der Parzelle Nr. 47 in der Zwangsversteigerung erstanden hat. In der öffentlichen Bekanntmachung der Versteigerung und in dem gerichtlichen Zuschlagsbeschlusse vom 25. Juni 1901 ist ausdrücklich die „Parzelle Nr. 47 Kartenblatt 3 der Gemarkung Wölfelsdorf Wiese im Mitteldorfe 24 a 30 qm, Grundsteuerreinertrag 1,24 Tlr." als Bestandteil des von der Zwangsversteigerung betroffenen Grundstückes aufgeführt. Der Kläger, der schon damals das Fideikommiß besaß, hat damals Eigentumsansprüche nicht angemeldet.

Beweis: Die Zwangsversteigerungsakten K 5/01 des Amtsgerichts in Habelschwerdt.

Rechtsanwalt B.

Entgegnung des Klägers.

Glatz, am 3. November 1912.

Es mag sein, daß der Zuschlagsbeschluß vom 25. Juni 1901 auch die hier streitige Parzelle als Bestandteil des versteigerten Grundstücks aufführt. Aus diesem Irrtum aber kann der Beklagte keine Rechte herleiten. Denn Wenzel hat weder damals den Willen gehabt, den Mühlteich mitzuerwerben, noch hatte er später, als er das Grundstück weiterveräußerte, den Willen, den Mühlteich dem Beklagten mitzuverkaufen. Dies wird Wenzel bezeugen. Der beste Beweis hierfür ist auch die Tatsache, daß Wenzel während seiner langen Besitzzeit niemals Eigentumsrechte an dem Teiche ausgeübt oder auch nur behauptet hat, sowie daß auch der Beklagte dies im ersten Jahre nach dem Erwerbe des Grundstücks nicht getan hat, bis er zufällig von der irrigen Eintragung des Katasters und Grundbuchs erfuhr, die er nun auszubeuten sucht.

Rechtsanwalt A.

Fall 20.

Auerbach gegen Becker.

Klage

des Bureauvorstehers Hermann Auerbach in Neukölln,
Kaiser Friedrichstraße 85,
gegen
den Rittergutsbesitzer Franz Kühl in Kunzendorf
Kreis Habelschwerdt
wegen Hypothekendarlehns.

Glatz, am 3. Januar 1913.

Der Kläger beantragt,

den Beklagten zu verurteilen, aus dem Grundstücke Band I Blatt 15 des Grundbuches von Kunzendorf Kreis Habelschwerdt und aus seinem sonstigen Vermögen 3000 ℳ und 4 $^{1}/_{4}$ Hundertstel Zinsen seit dem 1. Januar 1913, sowie 16 ℳ 60 ₰ zu zahlen, die Kosten des Rechtsstreits dem Beklagten aufzulegen und das Urteil gegen Sicherheitsleistung für vorläufig vollstreckbar zu erklären.

Auf dem Grundbuchblatte des Grundstücks Nr. 15 des Grundbuchs von Kunzendorf ist in Abteilung III Nr. 11 für den Kläger eine Darlehnshypothek von 3000 ℳ mit dem Zusatz eingetragen, daß das Kapital mit 4 $^{1}/_{4}$ Hundertstel jährlich in halbjährlichen Beträgen zu verzinsen und drei Monate nach Kündigung an dem jeweiligen Wohnorte des Gläubigers innerhalb des Deutschen Reichs zurückzuzahlen ist. Die Hypothek ist im Jahre 1909 von dem damaligen Eigentümer des Grundstücks, Rittergutsbesitzer Alfred Müller, für Fräulein Amalie Berger bestellt worden zur Sicherung eines Darlehns von 3000 ℳ, welches diese dem Müller gegeben hatte. Ein Hypothekenbrief ist nicht gebildet.

Beweis: Die Grundakten von Nr. 15 Kunzendorf, deren Einholung beantragt wird.

Der Beklagte hat das Grundstück im Dezember 1910 käuflich erworben und hierbei in Anrechnung auf den Kaufpreis die Hypothek und die ihr zugrunde liegende Darlehnsschuld übernommen.

Beweis: Der bei den Grundakten befindliche Kaufvertrag.

Hypothek und Darlehnsforderung wurden von Amalie Berger in einer Urkunde vom 1. September 1912 mit den Zinsen seit dem 1. Juli 1912 an den Kläger abgetreten und die Abtretung am 2. Oktober 1912 in das Grundbuch eingetragen.

Beweis: Die Grundakten.

Durch Schreiben vom 1. September 1912 kündigte der Rechtsanwalt Feilhauer in Berlin namens des Klägers dem Beklagten das Kapital zur Rückzahlung nach drei Monaten. Das Schreiben, dem eine beglaubigte Abschrift der Abtretungsurkunde vom 1. September 1912 beigefügt war, wurde dem Beklagten am 8. September 1912 zugestellt.

Beweis: Die Zustellungsurkunde.

Der Beklagte hat zwar die Zinsen bis zum 1. Januar 1913 bezahlt, verweigert aber ohne Grund die Rückzahlung des Kapitals. Der Kläger hat für das Kündigungsschreiben 6 ℳ 10 ₰ und für die bereits ausgestellte löschungsfähige Quittung 10 ℳ 50 ₰ aufgewendet und fordert mit der Klage auch Erstattung dieser Kosten.

Rechtsanwalt A.

Klagebeantwortung.

Glatz, am 15. Januar 1913.

Der Beklagte beantragt,

die Klage abzuweisen, die Kosten des Rechtsstreits dem Kläger aufzulegen und das Urteil für vorläufig vollstreckbar zu erklären.

Zwischen Fräulein Berger und dem Rittergutsbesitzer Müller ist bei der Hingabe des Darlehns verabredet worden, daß die Hypothek für fünf Jahre unkündbar sei; allerdings wurde übersehen, diese Vereinbarung in die Hypothekenbestellung aufzunehmen, und in das Grundbuch einzutragen.

Beweis: Eideszuschiebung.

Dem Kläger war aber diese Abrede bei dem Erwerbe der Hypothek wohl bekannt. Fräulein Berger hatte sich nämlich zunächst durch die Berliner Zentral-Kredit-Gesellschaft in Berlin an den Beklagten mit dem Ersuchen gewandt, das Kapital ihr alsbald zurückzuzahlen, und der Beklagte hatte hierauf unter Hinweis auf die Abrede der Unkündbarkeit erwidert, daß er zur sofortigen Rückzahlung bereit sei, wenn Fräulein Berger ihm ein Damnum von 500 ℳ gewähre. Dieser Briefwechsel wurde durch den Rechtsanwalt Feilhauer, den Syndikus der genannten Gesellschaft vermittelt, dessen Bureauvorsteher der Kläger ist. Der Kläger hat bei dieser Gelegenheit Kenntnis von der Abrede der Unkündbarkeit erlangt.

Beweis: Eideszuschiebung.

Rechtsanwalt B.

Entgegnung des Klägers.

Glatz, den 25. Januar 1913.

Der Kläger nimmt die ihm zugeschobenen Eide an. Die vom Beklagten behauptete Abrede ist nicht getroffen worden; keinesfalls hat der Kläger davon Kenntnis gehabt, als er die Hypothek erwarb.

Rechtsanwalt A.

Fall 21.

Peiser gegen Forche.

Klage

des Bankiers Hermann Peiser in Glatz
gegen
den Logierhausbesitzer Hugo Forche in Altheide
wegen Erstattung von Kosten.

Glatz, am 2. November 1912.

Der Kläger beantragt,

den Beklagten zu verurteilen, 237 ℳ 60 ₰ und fünf Hundertstel Zinsen seit dem 15. August 1912 an den Kläger zu zahlen und die Zwangsvollstreckung dieser Forderung in das Grundstück Band 10 Blatt 251 des Grundbuchs von Altheide zu dulden,

die Kosten des Rechtsstreits dem Beklagten aufzulegen und das Urteil für vorläufig vollstreckbar zu erklären.

Auf dem Grundbuchblatte des im Antrage bezeichneten Grundstücks des Beklagten ist in Abt. III Nr. 2 eine Hypothek von 40000 ℳ für den Kläger eingetragen für ein Darlehn, welches der Kläger dem Beklagten bar gewährt hat, und das der Beklagte vereinbarungsgemäß am 1. Oktober 1910 zurückzahlen sollte.

Beweis: Vorlegung des Hypothekenbriefes.

Als die Zahlung nicht erfolgte, erwirkte der Kläger einen Zahlungsbefehl des Königlichen Amtsgerichts in Glatz vom 23. November 1911 in Höhe von 40000 ℳ nebst Zinsen gegen den Beklagten als dinglichen und persönlichen Schuldner. Der Zahlungsbefehl wurde dem Beklagten am 24. November 1911 zugestellt.

Beweis: Die Mahnakten des Königlichen Amtsgerichts in Glatz in Sachen Peiser gegen Forche B 296/11.

Der Beklagte hat Widerspruch gegen den Zahlungsbefehl nicht erhoben, der Kläger nahm aber von der Erwirkung des Vollstreckungsbefehls Abstand, weil inzwischen die Gläubigerin der auf dem Grundstücke des Beklagten lastenden ersten Hypothek, die Frau Maurermeister Geppert in Glatz wegen rückständiger Hypothekenzinsen einen gerichtlichen Vollstreckungsbefehl erlangt hatte, und demnächst auf ihren Antrag die Zwangsversteigerung des Grundstücks des Beklagten durch Beschluß des Königlichen Amtsgerichts in Glatz vom 1. Februar 1912 eingeleitet wurde. Der Kläger meldete in dem Zwangsversteigerungsverfahren seine Forderung durch den unterzeichneten Rechtsanwalt an. Es kam aber nicht zur Zwangsversteigerung, weil vor dem Versteigerungstermine am 4. April 1912 die betreibende Gläubigerin sich mit dem Beklagten einigte und den Zwangsversteigerungsantrag zurücknahm.

Beweis: Die Zwangsversteigerungsakten K 3/12 des Amtsgerichts in Glatz.

Der Kläger fordert von dem Beklagten Erstattung folgender Kosten, die er durch das Mahnverfahren und das Zwangsversteigerungsverfahren gehabt hat:

1. Er hat an den unterzeichneten Rechtsanwalt an Gebühren bezahlt
   a) für die Vertretung im Mahnverfahren
      Prozeßgebühr §§ 9, 38 RAGebO. 124,00 ℳ
      Auslagenpauschsatz § 76 . . . . 24,80 „
   b) für die Anmeldung der Forderung im Zwangsversteigerungsverfahren
      Gebühr gemäß Art. 4 preuß. GO. 30,00 „
      Auslagenpauschsatz gemäß Art. 15 . 6,00 „

Transport: 184,80 ℳ

	Übertrag: 184,80 ℳ
2. Der Kläger hat an Gerichtskosten des Mahnverfahrens an die Gerichtskasse bezahlt:	
Gebühr für den Zahlungsbefehl § 37 Ziff. 1 GKG.	48,00 „
Auslagenpauschsatz § 80 b . . .	4,80 „
	237,60 ℳ

Beweis: Vorlegung der Kostenrechnungen.

Der Kläger hat den Beklagten durch einen Brief vom 14. August 1912 vergeblich zur Erstattung dieser Beträge aufgefordert.

Rechtsanwalt A.

Klagebeantwortung.

Glatz, am 15. November 1912.

Der B. beantragt,

die Klage abzuweisen, die Kosten des Rechtsstreits dem Kläger aufzulegen und das Urteil für vorläufig vollstreckbar zu erklären,

im Falle der Verurteilung des Beklagten aber ihm nachzulassen, die Zwangsvollstreckung durch Sicherheitsleistung abzuwenden.

Die Angaben der Klage werden, abgesehen von der Fälligkeit, nicht bestritten.

Das Darlehn von 40000 ℳ wurde dem Beklagten zum Bau eines Logierhauses gewährt und in der Zeit von Januar bis Juni 1910 in Teilbeträgen vom Kläger an den Erbauer des Hauses, den Maurermeister Geppert in Glatz, ausgezahlt. Auf Verlangen des Klägers mußte der Beklagte aber schon im Dezember 1909 die hier in Rede stehende Hypothek für den Kläger eintragen lassen; außerdem mußte er dem Kläger über die Darlehnsbeträge Dreimonatswechsel ausstellen, die mit dem Giro des Geppert versehen sein mußten und bis zum 1. Oktober 1910 prolongiert werden sollten. Das Darlehn konnte aber am 1. Oktober 1910 nicht zurückgezahlt werden, weil die Fertigstellung des Baues und infolgedessen die Beleihung des Grundstücks sich erheblich verzögert hatte. Der Beklagte mußte deshalb am 15. Oktober 1910 dem Kläger einen neuen Wechsel über 40000 ℳ ausstellen, der ebenfalls das Giro des Geppert trug. Auch mußte er, während er bis dahin zwar nicht nur den in das Grundbuch eingetragenen Zinssatz von 4 v. H., sondern den jeweiligen Reichsbankdiskontsatz als Zinsen und außerdem $^1/_4$ v. H. vierteljährliche Provision gezahlt hatte, von nun an das Darlehn, abgesehen von der Provision, mit dem jeweiligen Lombardzinssatz der Reichsbank verzinsen. Da der Beklagte die hohen Wechselzinsen, Provisionen und Prolongationsspesen auf die Dauer nicht erschwingen konnte, lehnte er nach wiederholten Prolongationen die weitere Prolongation des am 15. Oktober 1911 fälligen Wechsels ab. Darauf ließ sich aber der Kläger von Geppert allein ein Wechselakzept über 40000 ℳ geben, das erst im Mai 1912 fällig wurde. Der Zahlungsbefehl vom 23. November 1911, den der Kläger gegen den Beklagten erwirkt hat, war also verfrüht, da sogar zur Zeit des Zwangsversteigerungsverfahrens das Darlehn des Klägers noch nicht fällig war.

Beweis: Zeugnis des Maurermeisters Geppert in Glatz.

Rechtsanwalt B.

IV. Familienrecht.

Fall 22.

Seiler gegen Heinrich.

Klage

des Fräuleins Anna Seiler in Schreibendorf Kreis Habelschwerdt
gegen
den Apotheker Dr. Egon Heinrich in Mittelwalde
wegen Schadenersatzes aus einem Verlöbnis.

Glatz, am 6. September 1912.

Die Klägerin beantragt,

den Beklagten zu verurteilen, 8000 ℳ und 4 Hundertstel Zinsen seit der Klagezustellung an die Klägerin zu zahlen, die Kosten des Rechtsstreits dem Beklagten aufzulegen und das Urteil, nötigenfalls gegen Sicherheitsleistung, für vorläufig vollstreckbar zu erklären.

Die Parteien waren miteinander verlobt. Durch die Versprechungen des Beklagten, daß er die Klägerin bestimmt heiraten werde, hat sich die Klägerin, die bis dahin unbescholten war, betören lassen, dem Beklagten wiederholt die Beiwohnung zu gestatten. Aus diesem Verkehr ist sie schwanger geworden und hat am 2. Juni 1912 einen Knaben geboren, dessen Vaterschaft der Beklagte am 8. Juni 1912 vor dem Standesamte in Breslau anerkannt hat.

Beweis: Die vorzulegende Geburtsurkunde des Kindes.

Der Beklagte hat auch noch in mehreren Briefen, die er der Klägerin nach Breslau gesandt hat, wo diese die Entbindung abwartete, wiederholt beteuert, daß er sie heiraten werde.

Beweis: Die vorzulegenden Briefe vom 15. und 25. Mai 1912.

Später aber, als die Klägerin und ihre Eltern auf die Verheiratung drängten, gab er ausweichende Antworten; er sagte, er müsse erst eine passende Stellung finden, als konditionierender Apotheker könne er nicht mit Weib und Kind in der Welt herumziehen u. dgl. m.

Beweis: Zeugnis des Vaters der Klägerin, des Glaswarenfabrikanten Max Seiler in Schreibendorf.

Schließlich hat die Klägerin erfahren, daß der Beklagte bereits vorher in Reinerz, wo er früher in Stellung war, der Tochter des Hotelbesitzers Franke die Ehe versprochen und mit ihr zwei uneheliche Kinder gezeugt hatte.

Beweis: Zeugnis der Maria Franke in Reinerz.

Daraufhin hat die Klägerin in einem Briefe vom 10. August 1912 dem Beklagten geschrieben, daß sie das Verlöbnis auflöse. Sie verlangt nun vom Beklagten Entschädigung für die Defloration. Da sie die Tochter eines angesehenen und vermögenden Fabrikanten ist, und der Beklagte ein Vermögen von etwa 40000 ℳ besitzt und als Apotheker ein jährliches Einkommen von etwa 3000 ℳ hat, ist die geforderte Summe angemessen.

Rechtsanwalt A.

Klagebeantwortung.

Glatz, am 21. September 1912.

Der Beklagte beantragt,

die Klage abzuweisen, die Kosten des Rechtsstreits der Klägerin aufzulegen und das Urteil für vorläufig vollstreckbar zu erklären.

Es ist richtig, daß der Beklagte mit der Klägerin wiederholt geschlechtlich verkehrt, und daß er die Vaterschaft des von dieser geborenen Kindes anerkannt hat. Ein Verlöbnis hat aber zwischen den Parteien niemals bestanden.

Der Beklagte hat die Klägerin dadurch kennen gelernt, daß er in dem Hotel „Zum blauen Hirschen" in Mittelwalde als Tischgast verkehrte, und die Beklagte dem Pächter des Hotels, ihrem Bruder, die Wirtschaft führte. Im Mai 1911 fand die erste persönliche Annäherung der Parteien statt, und schon nach wenigen Tagen hatten ihre Beziehungen einen so vertrauten Charakter angenommen, daß die Klägerin auf Bitten des Beklagten diesen eines Abends in seiner Wohnung besuchte und ihm den Beischlaf gestattete. In der Folgezeit haben dann noch wiederholt bei verschiedenen Gelegenheiten Beischlafsvollziehungen stattgefunden, von Verheiratung aber ist, solange der Geschlechtsverkehr gedauert hat, nur einmal zwischen den Parteien die Rede gewesen, und auch hierbei hat der Beklagte kein Eheversprechen abgegeben. Als nämlich einmal die Klägerin den Beklagten fragte, ob er sie heiraten würde, hat der Beklagte geantwortet, daß er noch nicht heiraten könne, da er erst in einigen Jahren eine Apothekenkonzession erhalten würde. Als dann vor der Entbindung der Klägerin diese und ihre Eltern auf Verheiratung drängten, hat der Beklagte der Klägerin selbst und ihrem Vater wiederholt erklärt, daß er die Klägerin heiraten wolle, aber dies vor Erlangung einer Apothekenkonzession nicht tun könne. Dieses Vorhaben hat nun die Klägerin selbst durch ihr Verhalten vereitelt.

Den Grund, den die Klägerin für die Auflösung des angeblichen Verlöbnisses angibt, ist lediglich vorgeschoben. Der Klägerin waren schon im September 1911, als der Geschlechtsverkehr der Parteien noch fortdauerte, die Beziehungen des Beklagten zu Maria Franke bekannt.

Beweis: Zeugnis des Hotelpächters Fritz Seiler in Mittelwalde.

Unwahr ist die Behauptung, daß der Beklagte der Maria Franke die Ehe versprochen habe. Maria Franke hat dies gar nicht verlangt und hat sich damit begnügt, daß der Beklagte für die beiden Kinder sorgt.

Beweis: Zeugnis der Maria Franke.

Der Vater der Klägerin ist auch noch am 7. August 1912 zu dem Hotelbesitzer Franke nach Reinerz gereist, um dessen Tochter mit ihren angeblichen Ansprüchen auf Verheiratung mit dem Beklagten abzufinden.

Beweis: Zeugnis des Franke.

Die von der Klägerin geforderte Entschädigungssumme ist viel zu hoch, sie entspricht keinesfalls den Verhältnissen der Familie der Klägerin. Der Vater der Klägerin war früher Glasschleifer und hat sich allmählich emporgearbeitet, einer ihrer Brüder, der jetzige Pächter des Hotels zum blauen Hirschen, war noch bis vor kurzem Kellner. Die Klägerin ist auch bereits 28 Jahre alt, und das von ihr geborene Kind ist schon nach einigen Wochen verstorben.

Rechtsanwalt B.

Entgegnung der Klägerin.

Glatz, am 2. Oktober 1912.

Die Darstellung, die der Beklagte von der Entwicklung des Verkehrs der Parteien gibt, ist unwahr. Die Parteien haben bereits seit dem Winter 1910/11 freundschaftlich miteinander verkehrt, insbesondere zusammen mit befreundeten Familien Ausflüge und Rodelpartien unternommen. Eines Abends Ende Mai 1911 lud der Beklagte die Klägerin ein, ihrem Bruder entgegenzugehen, der einen Stammgast nach Hause begleitet hatte. Auf diesem Wege gestand der Beklagte der Klägerin seine Liebe, und fortan duzten sie sich.

Als sie später einmal gemeinschaftlich an dem Hause vorüberkamen, in welchem der Beklagte wohnte, bat er sie, mit ihm in seine Wohnung zu kommen, er wolle ihr die Wohnung zeigen und mit ihr ein Glas Sekt trinken. Die Klägerin lehnte dies ab, der Beklagte aber bestürmte sie in der Folgezeit immer von neuem mit seiner Bitte, bis sie schließlich eines Abends sich überreden ließ und ihn in seine Wohnung begleitete. Hier bat er sie nach vielen Liebkosungen, ihm den Beischlaf zu gewähren. Sie wollte fliehen, aber der Beklagte hatte die Tür verschlossen und beschwichtigte sie, indem er wiederholt sagte: er sei ihr gut, und sie liebe ihn doch auch, er lasse nicht mehr von ihr, er nehme sie zu sich, damit sie ihm koche, und habe er etwas Passendes gefunden, dann würden sie einander heiraten. Durch diese Versprechen ließ die Klägerin sich bestimmen, dem Beklagten den Beischlaf zu gewähren.

Es wiederholten sich dann in den folgenden Wochen die Beischlafsvollziehungen, bis Mitte September 1911 die monatliche Blutung der Klägerin ausblieb. Da die Klägerin fürchtete, schwanger geworden zu sein, drängte sie auf baldige Verheiratung. Der Beklagte weigerte sich auch keineswegs, die Klägerin zu heiraten, sondern erklärte nur, daß er dies heute und morgen nicht tun könne, daß die Klägerin dies einsehen müsse und ihm Zeit lassen solle. In ähnlicher Weise sprach er wiederholt zu ihr im Laufe der Schwangerschaft, wenn sie ihn fragte, ob er sie denn nicht heiraten könne. Auch in den ersten Monaten der Schwangerschaft hat noch wiederholt ein Geschlechtsverkehr unter den Parteien stattgefunden.

Die Klägerin schiebt über alle diese Vorgänge dem Beklagten den Eid zu, bittet aber in erster Linie, auf Grund der eigenen

Angaben des Beklagten und seiner Briefe selbst zum Eide verstattet zu werden. Sie beruft sich auch auf das Zeugnis ihrer Eltern, daß, nachdem sie diesen im Mai 1912 ihre Schwangerschaft gestanden und diese den Beklagten zur Rede gestellt hatten, der Beklagte ihnen erklärt hat, er werde die Klägerin heiraten, nur könne dies nicht sofort geschehen.

Von den Beziehungen des Beklagten zu dem Fräulein Franke hat die Klägerin erst Anfang August 1912 erfahren. Wenn ihr Vater mit Franke über eine Abfindung verhandelt haben sollte, so ist dies ohne Wissen der Klägerin geschehen.

Rechtsanwalt A.

Erwiderung des Beklagten.

Glatz, am 13. Oktober 1913.

Der Beklagte verbleibt bei seinen Behauptungen und nimmt den ihm zugeschobenen Eid an.

Rechtsanwalt B.

Fall 23.

Geisler gegen Geisler.

Klage

der minderjährigen Geschwister

1. Margarete Geisler,
2. Amanda Geisler,
3. Hellmut Geisler,
4. Nikolaus Geisler,
5. Elisabeth Geisler,

sämtlich in Glatz,

vertreten durch ihre Mutter, die Frau Margarete Geisler geb. Fritsch in Glatz,

gegen

den Zahntechniker Bernhard Geisler in Glatz

wegen Unterhalts.

Glatz, am 19. September 1912.

Die Kläger beantragen,

den Beklagten zu verurteilen, an die Kläger eine vierteljährlich im voraus zu entrichtende Unterhaltsrente von je 9 ℳ, insgesamt 45 ℳ, bis zum Aufhören ihrer Bedürftigkeit zu zahlen, die Kosten des Rechtsstreits dem Beklagten aufzulegen und das Urteil für vorläufig vollstreckbar zu erklären.

Die Kläger sind die Kinder des Photographen Franz Geisler, eines Sohnes des Beklagten, und stehen im Alter von zwei bis zwölf Jahren. Ihr Vater befindet sich seit etwa einem Jahre wegen Geisteskrankheit in der Irrenanstalt zu Bunzlau und ist deshalb unfähig, für den Unterhalt der Kinder zu sorgen. Nach Verbrauch der Ersparnisse ist die Mutter der Kläger mit diesen von ihrem früheren Wohnorte Berlin nach Glatz verzogen. Sie ist völlig vermögenslos und außerstande, den Unterhalt für ihre fünf Kinder allein zu erwerben.

Sie bezahlt an Mietzins für ihre Wohnung 41 ℳ 65 ₰ monatlich. Zwei Zimmer der Wohnung hat sie möbliert an zwei Damen abvermietet, das eine für 23 ℳ, das andere für 18 ℳ monatlich. Für diesen Mietzins sind aber auch drei Portionen Kaffee täglich zu gewähren, die mit mindestens 10 ℳ monatlich zu bewerten sind. Ferner verdient die Mutter der Kläger durch Maschinenstricken monatlich im Durchschnitt 12 ℳ. Andere Erwerbsquellen hat sie nicht.

Sie braucht aber für sich und ihre Kinder, einschließlich des Wohnungsmietzinses und der Kosten des den Mieterinnen zu gewährenden Kaffees etwa 130 ℳ monatlich, im Winter etwas mehr.

Sie erhält von ihrer eigenen Mutter — sie ist unehelich geboren — für die Kinder monatlich 15 ℳ und außerdem noch häufig Lebensmittel, ferner bezieht sie vom Landarmenverbande der Provinz Schlesien eine monatliche Unterstützung von 20 ℳ.

Da diese Unterstützungen nicht ausreichen, sind die Kläger gezwungen, die Hilfe des Beklagten in Anspruch zu nehmen. Dieser hat in der Zeit vom 15. Februar bis zum 26. Juni 1912 insgesamt 68 ℳ für den Unterhalt der Kläger an deren Mutter gezahlt, weigert sich aber jetzt, weitere Zahlungen zu leisten, obwohl er ohne Beschwerung hierzu imstande wäre. Er besitzt 6000 ℳ Vermögen und hat aus seinem Gewerbebetriebe ein gutes Einkommen.

Beweis: Auskunft des Magistrats der Stadt Glatz.

Die Kläger rechnen die gezahlten 68 ℳ auf die Zeit vom 15. Februar bis zum 30. Juni 1912 und fordern eine Unterhaltsrente von 3 ℳ monatlich für jedes Kind vom 1. Juli 1912 ab.

Rechtsanwalt A.

Klagebeantwortung.

Glatz, am 28. September 1912.

Der Beklagte beantragt,

die Klage abzuweisen, die Kosten des Rechtsstreits den Klägern aufzulegen und das Urteil für vorläufig vollstreckbar zu erklären, im Falle der Verurteilung des Beklagten aber ihm nachzulassen, die Zwangsvollstreckung durch Sicherheitsleistung abzuwenden.

Die Angaben der Kläger über die Erwerbs- und Vermögensverhältnisse ihrer Eltern sollen nicht bestritten werden. Der Beklagte ist aber bei Berücksichtigung seiner sonstigen Verpflichtungen außerstande, ohne Gefährdung seines eigenen standesmäßigen Unterhalts den Klägern Unterhalt zu gewähren. Er ist 63 Jahre alt und hat bereits zweimal einen Schlaganfall erlitten. Das Einkommen aus seinem Gewerbebetriebe ist infolge seines Alters und der Konkurrenz nicht groß, es beträgt höchstens 1200 ℳ jährlich.

Beweis: Auskunft des Vorsitzenden der Steuerausschüsse der Gewerbesteuerklassen III und IV in Glatz.

Es ist unrichtig, daß der Beklagte 6000 ℳ Vermögen besitzt. Sein Vermögen besteht lediglich in einer Hypothek von 3000 ℳ. Weitere 3000 ℳ gehören nicht ihm, sondern seiner jetzigen (zweiten) Ehefrau.

Beweis: Zeugnis der Ehefrau des Beklagten, Anna Geisler geb. Morgenstern.

Der Beklagte hat die Kläger nach Möglichkeit freiwillig unterstützt, er ist aber zu weiteren Leistungen außerstande. Dies hat auch der Landarmenverband anerkannt, indem er davon abgesehen hat, wegen der den Klägern gewährten Unterstützung Rückgriff auf den Beklagten zu nehmen.

Beweis: Auskunft des Magistrats der Stadt Glatz.

Rechtsanwalt B.

Entgegnung der Kläger.

Glatz, am 10. Oktober 1912.

Die Angaben des Beklagten über seine Erwerbs- und Vermögensverhältnisse werden bestritten. Das Dentistengeschäft soll nach Aussage der Nachbarn recht gut gehen. Der Beklagte besucht auch häufig Gasthäuser und macht eine reichliche Zeche; er ist auch ein regelmäßiger Besucher des Lichtspielhauses, wo er sich bei jeder neuen Bilderreihe einfindet. Vor drei Jahren hat er sich für 200 ℳ ein Fernrohr gekauft, um den Kometen zu beobachten.

Beweis: Zeugnis der Witwe Martha Kräusel in Glatz, Schwedeldorferstraße.

Von den in der Klageschrift erwähnten 6000 ℳ Vermögen sind allerdings 3000 ℳ auf den Namen der zweiten Ehefrau des Beklagten bei der Städtischen Sparkasse in Glatz angelegt, in Wirklichkeit gehört aber dieses Guthaben dem Beklagten, denn es besteht aus Ersparnissen, welche die zweite Ehefrau des Beklagten im Laufe ihrer elfjährigen Ehe von dem wöchentlichen Wirtschaftsgelde gemacht hat. Der Beklagte hat dies selbst der Sparkasse mitgeteilt und sie gebeten, das Guthaben nicht seiner Ehefrau auszuzahlen.

Beweis: Auskunft der hiesigen Städtischen Sparkasse.

Rechtsanwalt A.

V. Erbrecht.

Fall 24.

Merkel gegen Merkel.

Klage
der Witwe Gertrud Merkel geb. Donke in Neurode
gegen
den Fabrikbesitzer Emanuel Merkel in Neurode
wegen Erbrechts.

Glatz, am 7. April 1913.

Die Klägerin beantragt,

1. festzustellen, daß die Klägerin Alleinerbin ihres am 25. April 1912 verstorbenen Ehemannes, des Fabrikbesitzers Paul Merkel in Neurode, geworden ist;
2. den Beklagten zu verurteilen, an die Klägerin 20832 ℳ 42 ₰ und 4 Hundertstel Zinsen seit dem 1. Oktober 1912 an die Klägerin zu zahlen;
3. die Kosten des Rechtsstreits dem Beklagten aufzulegen und das Urteil, nötigenfalls gegen Sicherheitsleistung, für vorläufig vollstreckbar zu erklären.

Am 25. April 1912 ist in Neurode, seinem Wohnorte, der Fabrikbesitzer Paul Merkel, der Ehemann der Klägerin und Bruder des Beklagten, verstorben und hat das in Abschrift beigefügte Testament hinterlassen.

Beweis: Die Testamentsakten IV 30/12 des Kgl. Amtsgerichts in Neurode.

In diesem Testament sind die Klägerin und das zu erwartende eheliche Kind des Erblassers je zur Hälfte als Erben eingesetzt. Die Klägerin war zur Zeit der Errichtung des Testaments schwanger, das Kind wurde aber am 18. Dezember 1912 tot geboren. Die Klägerin ist danach Alleinerbin ihres Ehemannes geworden.

In einem Briefe vom 1. Oktober 1912 hat der Beklagte der Klägerin mitgeteilt, daß er von dem ihm nach § 2 des Testaments zustehenden Rechte Gebrauch mache und die von ihm und dem Erblasser gemeinsam betriebene Maschinenfabrik übernehme.

Beweis: Der vorzulegende Schriftwechsel der Parteien.

Der Beklagte bestreitet, daß die Klägerin Alleinerbin ihres Ehemannes geworden ist, und behauptet, daß nach Wegfall des Kindes er selbst und die anderen drei Geschwister des Erblassers die dem Kinde zugedachte Hälfte geerbt hätten. Er will auch trotz wiederholter Mahnungen die 62500 ℳ, die er aus der Übernahme der Fabrik der Klägerin als der Alleinerbin schuldet, nicht zahlen. Die Klägerin verlangt daher Feststellung ihres Erbrechts und von den 62500 ℳ zunächst einen Teilbetrag von 20832 ℳ 42 ₰, den der Beklagte in jedem Falle nach seiner eigenen Rechnung gemäß des Briefes vom 1. Oktober 1912 zu zahlen hätte.

Rechtsanwalt A.

Anlage.

Nr. 418, Jahr 1912.

Neurode, am 25. April 1912.

Auf Ersuchen des Fabrikbesitzers Paul Merkel in Neurode habe ich, der in Neurode wohnhafte Notar im Bezirke des Königlichen Oberlandesgerichts Breslau,

Franz Ferber,

mich heute hierher in dessen am Kreuzberg belegene Wohnung begeben. Ich traf hier den mir persönlich bekannten Fabrikbesitzer Paul Merkel krank und im Bette liegend an. Nach einer mit ihm angestellten Unterredung befand er sich im vollen Besitz seiner Geisteskräfte. Er gab an, heute sein Testament errichten zu wollen, weshalb als Zeugen zur Verhandlung zugezogen wurden:

1. der Klempnermeister Richard Gellrich,
2. der Kaufmann Josef Heinold,

beide aus Neurode, welche ebenso wie der Notar bei der ganzen Verhandlung zugegen waren.

Paul Merkel erklärte hierauf folgendes mündlich als seinen letzten Willen:

§ 1. Zu Erben meines Nachlasses setze ich ein meine Ehefrau Gertrud Merkel geb. Donke in Neurode zu einer Hälfte und unser zu erwartendes Kind zur anderen Hälfte.

§ 2. Ich besitze gemeinsam mit meinem Bruder, dem Fabrikbesitzer Emanuel Merkel in Neurode, ein Haus- und Fabrikgrundstück in Neurode und das darin unter der Firma Neuroder Maschinenfabrik A. Merkel in Neurode betriebene Fabrikgeschäft.

Ich bestimme, daß zum Zwecke der Auseinandersetzung mein Bruder dieses Grundstück, Fabrik, Vorräte und Außenstände unter Gewährung des Rechts zur Fortführung der bisherigen Firma unter Zugrundelegung eines Preises von 125000 ℳ übernehmen soll, so daß mein Anteil auf 62500 ℳ zu bemessen ist. Gegen Zahlung dieses Betrages sind meine Erben verbunden, meinen Anteil meinem Bruder Emanuel zu überlassen.

Paul Merkel gab den Wert des Gegenstandes dieses Testaments unter Berücksichtigung seines vorgedachten Anteils von 62500 ℳ auf 70000 ℳ an. Er erklärte, daß er wegen Schwäche, insbesondere in der rechten Hand, nicht schreiben könne.

Dieses Protokoll ist vorgelesen und von dem Erblasser genehmigt worden.

Richard Gellrich. Josef Heinold.
Franz Ferber, Notar.

Klagebeantwortung.

Glatz, am 26. April 1913.

Der Beklagte erkennt den Anspruch auf Zahlung von 20832 ℳ 42 ₰ nebst Zinsen an und beantragt,

die Klage im übrigen abzuweisen.

Die Angaben der Klage über den Tod und das Testament des Ehemannes der Klägerin und über die Entbindung der Klägerin von einem toten Kinde sind richtig; unrichtig aber ist, daß die Klägerin Alleinerbin ihres Ehemannes geworden sei.

Das Testament vom 25. April 1912 unterliegt der Anfechtung wegen Irrtums. Der Erblasser ist zu der Erbeinsetzung des erwarteten Kindes durch die Erwartung der Geburt eines lebenden Kindes bestimmt worden. Diese Erwartung hat sich nicht erfüllt, und es sind daher an die Stelle des Kindes die vier Geschwister des Erblassers als Erben getreten.

Der Vorgang bei Errichtung des Testaments war folgender: Der Erblasser erklärte dem Notar zunächst, daß die Klägerin zu einer und seine Geschwister zur anderen Hälfte Erben sein sollten. Darauf teilte die Klägerin ihrem Ehemanne mit, daß sie ein Kind erwarte, was dieser bis dahin noch nicht wußte. Deshalb fragte der Notar den Erblasser, ob für den Fall der Geburt eines Kindes dieses an die Stelle der Geschwister treten solle. Dies bejahte der Erblasser, und der Notar erörterte hierauf noch, ob die gesetzliche

Erbfolge eintreten oder die Ehefrau und das Kind je zur Hälfte erben sollten, und der Beklagte selbst bestimmte den Erblasser, für diesen Fall der Klägerin die Hälfte zuzuwenden.

Beweis: Zeugnis
1. des Rechtsanwalts Justizrats Ferber,
2. des Klempnermeisters Richard Gellrich,
3. des Kaufmanns Josef Heinold,
4. des Arztes Dr. Ludwig,
sämtlich in Neurode.

Der Beklagte hat deshalb am 15. Februar 1913 gegenüber dem Amtsgericht in Neurode die Erbeinsetzung des Kindes wegen Irrtums des Erblassers angefochten.

Beweis: Die Testamentsakten IV 30/12.

Rechtsanwalt B.

Entgegnung der Klägerin.

Glatz, am 8. Mai 1913.

Ein Irrtum des Erblassers hat bei Errichtung des Testaments nicht vorgelegen. Der Erblasser wußte sehr wohl, daß das erwartete Kind tot zur Welt kommen könne. Das hat ihm kurz vor der Niederschrift des Testaments der Arzt Dr. Ludwig noch ausdrücklich gesagt, und der Gedanke lag dem Erblasser auch keineswegs fern, da nämlich das erste Kind, das die Klägerin dem Erblasser geboren hatte, auch tot zur Welt gekommen ist.

Bei der Testamentserrichtung fragte der Notar zunächst, ob der Erblasser die gesetzliche Erbfolge belassen oder eine andere anordnen wolle. Der Erblasser erwiderte, daß die Klägerin und das zu erwartende Kind Erben sein sollten. Davon, daß die Geschwister des Erblassers Erben werden sollten, ist überhaupt nicht die Rede gewesen. Der Erblasser würde, wenn er mit dem damals schon erzeugten Kinde nicht zu rechnen gehabt hätte, die Klägerin als Alleinerbin eingesetzt haben. Er wußte schon einige Tage vor der Testamentserrichtung, daß die Klägerin in anderen Umständen sei.

Erwiderung des Beklagten.

Glatz, am 24. Mai 1913.

Die Klägerin ist erst bei der Testamentserrichtung mit der Mitteilung hervorgetreten, daß sie schwanger sei. Noch einige Tage vorher hatte sie dies einer Schwester des Beklagten gegenüber in Abrede gestellt.

Beweis: Zeugnis der Frau Lehrer Elfriede Bartsch in Volpersdorf.

Der Beklagte war bei der Testamentserrichtung selbst zugegen, er hat nichts davon gehört, daß Dr. Ludwig von der Möglichkeit gesprochen habe, daß das erwartete Kind tot geboren werden könne. Wenn aber Dr. Ludwig wirklich davon gesprochen haben sollte, so hat der Erblasser offenbar dies nicht gehört. Er war damals schon so schwach, daß er die gestellten Fragen nur leise beantworten konnte. Daß ein so kranker Mann bei dieser Sachlage nur an ein lebend geborenes Kind, nicht an eine Totgeburt denkt, ist natürlich.

Es entsprach durchaus dem Willen des Erblassers, daß bei kinderloser Ehe die Hälfte des Nachlasses seinen Geschwistern zufallen sollte. Er hatte die Klägerin erst $1\frac{1}{2}$ Jahre vor seinem Tode geheiratet und hatte mit Rücksicht darauf, daß seine Schwestern ihm jahrelang ohne Entgelt die Hauswirtschaft geführt hatten, und daß das durch den gemeinschaftlichen Fabrikbetrieb erworbene Vermögen besonders durch die Tätigkeit des Beklagten erworben worden war, im Laufe der Jahre wiederholt davon gesprochen, daß er, wenn er kinderlos sterbe, auch seine Geschwister zu Erben einsetzen würde.

Beweis: Zeugnis der Schwestern des Beklagten:

1. Frau Lehrer Elfriede Bartsch in Volpersdorf,
2. Frau Marie Gellhorn in Frankenstein,
3. Fräulein Klara Merkel in Neurode.

Rechtsanwalt B.

Fall 25.

Franke gegen Franke.

Klage

1. des Zollaufsehers Johann Franke in Hamburg, Charlottenstraße 5 III,

2. des Bäckermeisters Franz Franke in Tscherbeney Kreis Glatz,
3. des Arbeiters Wilhelm Franke in Berlin, Brunnenstraße 22 Seitenhaus 1

gegen

die Witwe Helene Franke geb. Wietek in Kudowa
wegen Pflichtteils.

Glatz, am 10. August 1912.

Die Kläger beantragen,

1. die Beklagte zu verurteilen, an jeden der Kläger 1800 ℳ und 4 Hundertstel Zinsen seit dem 1. Dezember 1910 zu zahlen,
hilfsweise: die Beklagte zu verurteilen, wegen der Forderungen der drei Kläger von je 1800 ℳ und 4 Hundertstel Zinsen seit dem 1. Dezember 1910 die Zwangsvollstreckung in ihre Grundstücke Nr. 99 und Nr. 549 des Grundbuchs von Kudowa zu dulden,
2. die Kosten des Rechtsstreits der Beklagten aufzulegen und das Urteil, nötigenfalls gegen Sicherheitsleistung für vorläufig vollstreckbar zu erklären.

Am 1. November 1910 verstarb der Müller Johann Franke in seinem Wohnorte Kudowa. Seine gesetzlichen Erben wurden die Beklagte, seine zweite Ehefrau, ferner vier Kinder erster Ehe, nämlich die drei Kläger und die Frau Josefa Reimann geb. Franke in Kudowa, und ein Sohn zweiter Ehe, Karl Franke.

Der Nachlaß bestand nur aus folgendem:

1. Johann Franke hatte bei dem Vorschußverein Lewin ein Geschäftsguthaben in Höhe von 150 ℳ. Dieses hat die Beklagte am 21. Mai 1911 abgehoben.

   Beweis: Zeugnis des Rendanten Hartmann in Lewin.

2. Weiter hatte der Erblasser an den Hausbesitzer Anton Scholz in Jakobowitz eine Forderung von 548 ℳ.

   Beweis: Zeugnis des Scholz.

3. Hierzu treten der Kassenbestand und die Vorräte aus der vom Erblasser betriebenen Müllerei, die auf mehrere hundert Mark anzunehmen sind, und
4. der Nachlaß an Hausrat, Kleidung u. dgl.

Die Kläger sind in ihrem Pflichtteil dadurch verletzt, daß ihr Vater im Jahre 1910 seine Grundstücke der Beklagten geschenkt hat, und fordern Ergänzung des Pflichtteils.

Die Grundstücke sind im Grundbuche von Kudowa im Band 3 Blatt Nr. 99 und Band 14 Blatt Nr. 549 eingetragen. Am 12. Mai 1909 hat Johann Franke diese beiden Grundstücke der Beklagten aufgelassen. Nach dem Auflassungsprotokoll lautet der der Auflassung zugrunde liegende Vertrag wörtlich wie folgt:

„Es überläßt Johann Franke die Grundstücke Nr. 99 und Nr. 549 des Grundbuchs von Kudowa seiner Ehefrau mit sämtlichem lebenden und toten Inventar zum Preise von 6200 ℳ. Der Übernahmepreis wird in der Weise belegt, daß die Übernehmerin in Anrechnung auf den Überlassungspreis die eingetragenen Hypotheken von insgesamt 6000 ℳ übernimmt. Der Rest von 200 ℳ wird auf die Pflege des Verkäufers gerechnet. Die Übergabe ist erfolgt. Lasten und Nutzungen trägt die Erwerberin vom Tage der Auflassung ab."

Am 21. Mai 1909 erklärten sodann die Eheleute Franke vor dem Grundbuchamt folgendes zu Protokoll:

„Der Auflassung vom 12. Mai 1909 wurde ein in dieser Verhandlung geschlossener Vertrag zugrunde gelegt. Beabsichtigt war die Schließung eines Schenkungsvertrages. Wir ändern daher den Vertrag vom 12. Mai 1909 dahin ab, daß dieser keinen Kaufvertrag, sondern einen Schenkungsvertrag darstellen soll."

Beweis: Die Grundakten von Nr. 99 Kudowa.

Der Wert der beiden Grundstücke betrug zur Zeit der Schenkung und des Erbfalls und beträgt heute noch 30000 ℳ.

Beweis: Gutachten Sachverständiger.

Da nur 6000 ℳ Hypotheken eingetragen waren, liegt in Höhe von 24000 ℳ Schenkung vor. Jeder der Kläger hat danach zur Ergänzung seines Pflichtteils 1800 ℳ von der Beklagten zu beanspruchen. Der unterzeichnete Anwalt hat namens der Kläger die Beklagte durch einen Brief vom 25. November 1911 zur Zahlung dieser Beträge aufgefordert, die Beklagte lehnt aber die Zahlung ab.

Rechtsanwalt A.

Klagebeantwortung.

Glatz, am 17. September 1912.

Die Beklagte beantragt,

die Klage abzuweisen, die Kosten des Rechtsstreits den Klägern aufzulegen und das Urteil für vorläufig vollstreckbar zu erklären.

Die in der Klage erwähnten Grundstücke sind der Beklagten nicht geschenkt, sondern verkauft worden. Ihr Wert ist allerhöchstens auf 7500 ℳ zu schätzen. Aus dem Unterschied zwischen diesem Werte und dem Kaufpreise ist aber keineswegs auf das Vorliegen einer Schenkung zu schließen. Die Beklagte und ihr Ehemann haben die Grundstücke nicht höher bewertet, als der Kaufpreis beträgt, eine Schenkungsabsicht hat ihnen ferngelegen. Wenn sie in der gerichtlichen Verhandlung vom 21. Mai 1910 etwas anderes erklärt haben, so ist das lediglich auf Veranlassung des Grundbuchrichters, des Amtsrichters Weigang in Lewin, geschehen, der sie vor Gericht geladen und ihnen auseinandergesetzt hat, daß sie in Ansehung der Kosten besser wegkommen würden, wenn sie erklärten, der bei der Auflassung geschlossene Vertrag sei kein Kauf, sondern eine Schenkung. Daraufhin haben sie die im Protokoll vom 21. Mai 1909 beurkundete Erklärung lediglich im Kosten- und Stempelinteresse abgegeben.

Der Nachlaß des Johann Franke ist überschuldet. Johann Franke hat nur einige geringwertige Kleidungsstücke und Gebrauchsgegenstände hinterlassen. Bargeld war gar nicht vorhanden. Die Warenvorräte bestanden nur in einem halben Sack Weizenmehl. Die Forderung an den Vorschußverein hat Johann Franke noch bei seinen Lebzeiten an die Beklagte abgetreten, die Forderung gegen Scholz ist wertlos, da Scholz bereits fruchtlos gepfändet ist. An Nachlaßschulden dagegen sind vorhanden: Beerdigungskosten 414 ℳ 75 ₰, eingebrachtes Gut der Beklagten 362 ℳ 50 ₰, sonstige Schulden 346 ℳ.

Beweis: Zeugnis des Sohnes Karl Franke.

Die Beklagte will aber zugunsten der Kläger annehmen, daß der Nachlaß nicht überschuldet, jedoch nach Bezahlung der Nachlaßverbindlichkeiten ein Reinnachlaß nicht vorhanden ist.

Schlimmstenfalls muß sich der Kläger Franz Franke die 600 ℳ, die er bei seiner Selbständigmachung und Verheiratung vom Vater als Ausstattung erhalten hat, bei der Berechnung seines Pflichtteils anrechnen lassen.

Rechtsanwalt B.

Entgegnung der Kläger.

Glatz, am 28. September 1912.

Die abweichenden Behauptungen der Beklagten werden bestritten. Der Erblasser hat die beiden Grundstücke vor länger als 30 Jahren für 10500 ℳ gekauft und später das Nebenhaus zu vier Wohnungen ausgebaut, welche jährlich 200 ℳ Mietzins bringen. Im Jahre 1896 hat er sodann noch eine Wiese für 400 ℳ hinzugekauft.

Beweis: Die Grundakten der beiden Grundstücke.

Es ist daher ausgeschlossen, daß der Erblasser und die Beklagte den Wert der Grundstücke auf nur 6200 ℳ geschätzt haben könnten.

Die Angaben der Beklagten über den Nachlaß werden bestritten. Die Beklagte hat es auch unterlassen, die Nachlaßschulden im einzelnen anzugeben. Die Kläger wollen aber zugunsten der Beklagten der Kürze halber davon ausgehen, daß der Nachlaß zur Bezahlung der Nachlaßverbindlichkeiten aufgebraucht wird.

Es ist richtig, daß der Kläger Franz Franke am 23. Juni 1907 vom Vater 600 ℳ erhalten hat, jedoch nicht als Ausstattung. Franz Franke war vom 14. bis 31. Lebensjahre im Gewerbebetriebe des Vaters tätig gewesen, ohne Lohn zu erhalten. Als er nun eine Bäckerei übernehmen und heiraten wollte, ersuchte er den Vater, ihn für die 17jährigen Dienste zu entschädigen, und daraufhin gab ihm der Vater die 600 ℳ, die also keine Ausstattung, sondern Lohnentschädigung sind.

Rechtsanwalt A.

VI. Besondere Gesetze.

Fall 26.

Nitsche gegen Kahler.

Klage
des Fuhrmanns Josef Nitsche in Sackisch Kreis Glatz
gegen
den Fabrikbesitzer Amand Kahler in Glatz
wegen Schadensersatzes.

Glatz, am 20. Oktober 1912.

Der Kläger beantragt,

den Beklagten zu verurteilen, 50 ℳ 80 ₰ und 4 Hundertstel Zinsen seit dem 6. August 1912 an den Kläger zu zahlen, die Kosten des Rechtsstreits dem Beklagten aufzulegen und das Urteil für vorläufig vollstreckbar zu erklären.

Am 6. August 1912 nachmittags hielt ein Gespann des Klägers, eine einspännige Droschke, auf der Bahnhofstraße in Kudowa vor dem Hause des Schuhmachermeisters Wolf. Der Bahnhof liegt außerhalb der geschlossenen Ortslage, und das Haus des Wolf ist, wenn man vom Bahnhofe kommt, das erste der Bahnhofstraße auf der linken Straßenseite. Der Kutscher des Klägers, Isidor Bannert, war in seine im Wolfschen Hause gelegene Wohnung gegangen, um seine durchnäßte Kleidung zu wechseln, hatte aber, bevor er das Gespann verließ, das Pferd auf der linken Seite ausgesträngt. Während der Abwesenheit des Kutschers kam der Kraftwagen des Beklagten vom Bahnhofe her in sehr schneller Fahrt heran, und zwar gegen die Vorschrift auf der linken Straßenseite, und fuhr in das stillstehende Gespann des Klägers, das die Fahrtrichtung nach dem Bahnhofe hatte, hinein. Das Pferd wurde bei Seite gestoßen, und Pferd und Wagen wurden beschädigt.

Beweis: Zeugnis des Kutschers Bannert und des Haushälters Franz Trinczek in Kudowa.

Der Kläger fordert vom Beklagten Ersatz des ihm durch den Zusammenstoß erwachsenen Schadens. Die Gabeldeichsel des Wagens wurde bei dem Zusammenstoß zerbrochen, die Vorderachse verbogen, die linke Feder und der Scheerkranz des Wagens zertrümmert. Der Kläger hat für die Wiederherstellung an den Stellmachermeister Heinrich Reichel 3,75 ℳ, an den Schmiedemeister Wilhelm Bieler 15,25 ℳ und an den Sattlermeister und Lackierer Emil Tuma 1,80 ℳ zahlen müssen.

Beweis: Zeugnis dieser Handwerker, die in Sackisch wohnen, und des Bannert.

Das Pferd des Klägers trug eine Geschwulst an der linken Schulter davon und war infolgedessen drei Tage arbeitsunfähig. Dem Kläger ist dadurch ein Verdienst von 30 ℳ, nämlich von 10 ℳ für jeden Tag, entgangen.

Beweis: Zeugnis des Bannert und Gutachten des Fuhrmanns Anton Dinter in Sackisch.

Rechtsanwalt A.

Klagebeantwortung.

Glatz, am 29. Oktober 1912.

Der Beklagte beantragt,

die Klage abzuweisen, die Kosten des Rechtsstreits dem Kläger aufzulegen und das Urteil für vorläufig vollstreckbar zu erklären, im Falle der Verurteilung des Beklagten aber ihm nachzulassen, die Zwangsvollstreckung durch Sicherheitsleistung abzuwenden.

Der Beklagte bestreitet den Klaganspruch dem Grunde und dem Betrage nach.

Der Unfall ist lediglich dadurch verursacht, daß der Kutscher des Klägers das Gespann ohne jede Aufsicht auf der Straße gelassen hat. Der Chauffeur Horacek, der den Kraftwagen des Beklagten lenkte, hatte schon, als er sich Kudowa näherte, die Fahrgeschwindigkeit sehr verlangsamt, und der Kraftwagen hatte, als er an dem Gespann des Klägers vorbeifuhr, keine größere Geschwindigkeit als eine im Trabe fahrende Droschke. Der Chauffeur hatte bis dahin die (in der Fahrtrichtung) rechte Straßenseite eingehalten, mußte aber kurz vor dem Gespann des Klägers nach der Straßenmitte abbiegen, weil auf der rechten Straßenseite ein Mann mit einem Handwagen herankam. Der Kraftwagen des Beklagten hätte trotzdem glatt an dem Gespanne des Klägers vorbeifahren können, da der seitliche Zwischenraum immerhin noch etwa 2 m betrug. Das Pferd des Klägers aber, das bisher ruhig vor dem Wagen gestanden hatte, sprang plötzlich auf den Kraftwagen des Beklagten zu und fuhr mit der Deichsel des Wagens gerade in den Kraftwagen hinein, ohne daß der Chauffeur den Zusammenstoß noch hätte verhindern können.

Beweis: Zeugnis des Chauffeurs Horacek und des Arztes Dr. Beckmann in Kudowo, der neben dem Chauffeur gesessen hat.

Der Schaden, den der Kraftwagen des Beklagten durch den Stoß der Deichsel erlitten hat, beträgt mindestens 150 ℳ. Der Beklagte behält sich vor, diesen Schaden gegen den Kläger geltend zu machen.

Rechtsanwalt B.

Entgegnung des Klägers.

Glatz, am 6. November 1912.

Der Unfall ist nicht durch Scheuen des Pferdes des Klägers verursacht, sondern der Kraftwagen des Beklagten ist an das linke Vorderrad des Wagens des Klägers angefahren. Hierbei erhielt das Pferd von der Deichsel einen Schlag, so daß es zu Boden geworfen wurde. Das Pferd hat noch niemals vor einem Kraftwagen gescheut.

Beweis: Zeugnis des Bannert.

Daß der Chauffeur des Beklagten unzuverlässig ist, ergibt sich auch daraus, daß er kürzlich in eine Sämaschine hineingefahren ist.

Beweis hierfür bleibt vorbehalten.

Rechtsanwalt A.

Fall 27.
Freund gegen Bittner.

Klage
des Kaufmanns Walter Heimann in Glatz
als Verwalters im Konkurse über das Vermögen des Bäckers und Konditors Paul Freund in Rengersdorf Kreis Glatz
gegen
den Stellenbesitzer Franz Bittner in Zaughals bei Neurode
wegen Anfechtung einer Rechtshandlung.

Glatz, am 31. Mai 1913.

Der Kläger beantragt,

den Beklagten zu verurteilen, die ihm von dem Bäcker Paul Freund übergebene Teigteilmaschine dem Kläger herauszugeben,

die Kosten des Rechtsstreits dem Beklagten aufzulegen und das Urteil für vorläufig vollstreckbar zu erklären.

Am 2. März 1913 wurde über das Vermögen des Bäckers und Konditors Paul Freund in Rengersdorf das Konkursverfahren eröffnet und der Kläger zum Konkursverwalter bestellt.

Beweis: Die Akten 2 N. 8/13 des Kgl. Amtsgerichts in Glatz.

Der Gemeinschuldner hatte sich erst im Frühjahr 1912 selbständig gemacht, indem er in Ullersdorf eine Bäckerei nebst Inventar käuflich erworben hatte. Hierzu hatte ihm der Beklagte, sein Schwiegervater, ein Darlehn von 200 ℳ gegeben, was der Kläger nicht bestreiten will. Bereits im November 1912 verlegte der Gemeinschuldner sein Geschäft nach Rengersdorf, aber auch hier hatte er keinen Erfolg. Der im Laden ausgestellten Waren wurden von Tag zu Tag weniger, weil der Gemeinschuldner keine Mittel hatte, Mehl und Zutaten zu kaufen. Was ihm noch geliefert wurde, erhielt er auf Kredit. Hätten die Lieferanten gewußt, wie es um ihn stand, hätten sie sicherlich ihm nichts mehr geliefert.

Ende Januar oder Anfang Februar 1913, als der Gemeinschuldner schon zahlungsunfähig war, überließ er das wertvollste Stück des Bäckereiinventars, die Teigteilmaschine, die er für 200 ℳ von seinem Vorgänger in Ullersdorf gekauft hatte, dem Beklagten zur Befriedigung seiner Darlehnsforderung.

Beweis: Zeugnis des Gemeinschuldnens.

Der Kläger ficht diese Rechtshandlung als den Konkursgläubigern gegenüber unwirksam an. Die Übereignung ist offenbar erfolgt, um die anderen Gläubiger zu benachteiligen.

Rechtsanwalt A.

Klagebeantwortung.

Glatz, am 13. Juni 1913.

Der Beklagte beantragt,

die Klage abzuweisen, die Kosten des Rechtsstreits dem Kläger aufzulegen und das Urteil für vorläufig vollstreckbar zu erklären, für den Fall der Verurteilung des Beklagten aber ihm nachzulassen, die Zwangsvollstreckung durch Sicherheitsleistung abzuwenden.

Der Gemeinschuldner Freund hatte im Mai 1912 eine Bäckerei in Ullersdorf übernommen, um die Tochter des Beklagten, mit der er damals verlobt war, heiraten zu können. Als er Ende Mai 1912 Geld brauchte, um den Rest des Kaufpreises des Bäckereizubehörs zu bezahlen, bat er den Beklagten um ein Darlehn von 200 ℳ. Der Beklagte sagte ihm das Darlehn zu, verlangte aber Sicherheit. Freund bot als Sicherheit die Teigteilmaschine an, welche sich unter dem von ihm erworbenen Bäckereizubehör befand. Da der Beklagte diese Maschine aber nur auf 180 ℳ schätzte, verlangte er außerdem die Backbeute (Trog) als Sicherheit und erklärte ausdrücklich, daß diese beiden Sachen sein Eigentum sein sollten, bis das Darlehn zurückgezahlt sei. Hiermit war Freund einverstanden. Es wurde auch besprochen, daß die Sachen leihweise bei Freund bleiben sollten, der sie zu seinem Geschäftsbetriebe brauchte. Hierauf hat der Beklagte die Darlehnssumme beschafft und dem Freund ausgezahlt.

Beweis: Zeugnis des Paul Freund in Rengersdorf.

Dem Gemeinschuldner hat es fern gelegen, durch die Übereignung der beiden Zubehörstücke seine Gläubiger zu benachteiligen. Ohne Sicherheit hätte er nirgends Kredit erhalten, und der Beklagte, der sich selbst erst das Geld leihen mußte, konnte ebenfalls nicht von einer Sicherheitsleistung Abstand nehmen. Den Gläubigern des Gemeinschuldners kam das Darlehn zugute, da es zur Bezahlung von Schulden verwandt worden ist. Die damaligen Gläubiger sind auch wegen ihrer damaligen Forderungen längst befriedigt, an die Benachteiligung künftiger Gläubiger war nicht zu denken. Freund war der zuversichtlichen Hoffnung, sich emporarbeiten und seine Schulden abstoßen zu können. Selbst wenn er aber die Absicht gehabt hätte, seine Gläubiger zu benachteiligen, so ist doch diese Absicht dem Beklagten in keiner Weise bekannt geworden.

Beweis: Zeugnis des Paul Freund und seiner Ehefrau Marie geb. Bittner.

Als dann der Gemeinschuldner die Teigteilmaschine in seiner Bäckerei in Rengersdorf nicht mehr brauchte, sandte er sie dem Beklagten zu. Dies war Anfang Februar 1913.

Beweis: wie vorher.

Es wird bestritten, daß der Gemeinschuldner schon zu dieser Zeit zahlungsunfähig gewesen sei, wenn es auch richtig ist, daß das Geschäft nicht sehr gut ging.

Rechtsanwalt B.

Entgegnung des Klägers.

Glatz, am 22. Juni 1913.

Der Kläger bestreitet, daß die Übereignung der Teigteilmaschine an den Beklagten schon im Frühjahr 1912 erfolgt sei. Der Gemeinschuldner hat dem Kläger hiervon nichts gesagt.

Beweis: Zeugnis des Gemeinschuldners.

Gegen die Darstellung des Beklagten spricht auch die Tatsache, daß die Backbeute, die der Beklagte ebenfalls zu Eigentum erworben zu haben angibt, nach der Konkurseröffnung von der Ehefrau des Gemeinschuldners für 6 ℳ aus der Konkursmasse gekauft worden ist.

Beweis: Zeugnis der Ehefrau des Gemeinschuldners.

Dies wäre nicht nötig gewesen, wenn wirklich die Backbeute dem Beklagten gehört hätte.

Gegen den Beklagten spricht auch, daß die Teigteilmaschine im Februar 1913 heimlich aus der Bäckerei des Gemeinschuldners weggeschafft worden ist. Zu dieser Zeit hat sich der Beklagte einige Tage bei dem Gemeinschuldner besuchsweise aufgehalten. Dem Schuhmacher Wilhelm Fritsch, der in demselben Hause wie der Gemeinschuldner wohnte, und dem damals bei dem Gemeinschuldner bediensteten Dienstmädchen Agathe Feistel ist es aufgefallen, daß in jener Zeit einige Kisten in dem Hausflur gestanden haben, die plötzlich eines Morgens nicht mehr da waren. Da weder Fritsch noch die Feistel das Wegschaffen der Kisten bemerkt haben, muß dies heimlich nachts geschehen sein. In den Kisten war offenbar die Teigteilmaschine verpackt.

Beweis: Zeugnis des Fritsch und der Feistel.

Der Gemeinschuldner hat schon Ende Januar 1913 seine Zahlungen eingestellt. Er hatte sein Geschäft mit einem Kapital von 3000 ℳ begonnen, welches er sich von dem Mühlenbesitzer Wolf in Habelschwerdt geliehen hatte. Dieses Darlehn wurde ihm aber schon im Dezember 1912 gekündigt, weil Wolf erfahren hatte, daß Freund ihn hintergangen habe. Am 22. Februar 1913 erwirkte Wolf einen gerichtlichen Zahlungsbefehl gegen Freund. Wenn von anderen Gläubigern gerichtliche Schritte damals noch nicht getan worden sind, so muß berücksichtigt werden, daß Freund das Geschäft in Rengersdorf erst seit November 1912 betrieben hat.

Rechtsanwalt A.

Erwiderung des Beklagten.

Glatz, am 3. Juli 1913.

Der Gemeinschuldner und seine Ehefrau haben dem Kläger mitgeteilt, daß die Teigteilmaschine und die Backbeute schon seit Mai 1912 Eigentum des Beklagten sind. Da der Kläger die Herausgabe der Backbeute verweigerte, und der Gemeinschuldner und seine Ehefrau sie notwendig brauchten, zahlten sie der Kürze halber den vom Kläger verlangten geringen Kaufpreis von 6 ℳ.

Beweis: Zeugnis des Gemeinschuldners und seiner Ehefrau.

Der Beklagte wird vom Kläger wegen der Veräußerung der Backbeute Schadensersatz fordern.

Die Teigteilmaschine ist nicht heimlich aus dem Hause geschafft worden. Sie wurde frei und offen — nicht in einer Kiste verpackt — durch einen Fuhrmann eines Morgens abgeholt und zum Bahnhof gefahren. Sie ist 3½ Zentner schwer, und es wäre töricht gewesen, sie in eine Kiste zu packen.

Beweis: wie vorher.

Daß Wolf das dem Gemeinschuldner gegebene Darlehn im Dezember 1912 gekündigt hat, ist richtig. Die Zwangsvollstreckung, die Wolf am 1. März 1913 gegen den Gemeinschuldner betrieb, veranlaßte diesen, selbst die Eröffnung des Konkursverfahrens zu beantragen.

Rechtsanwalt B.

Fall 28.

Hahn gegen Krebs.

Klage

des Schuhmachermeisters Robert Hahn in Kudowa
gegen
den Gerbereibesitzer Karl Krebs in Glatz
wegen Unzulässigkeit einer Zwangsvollstreckung.

Glatz, am 1. September 1912.

Der Kläger beantragt,

1. die Zwangsvollstreckung aus dem Vollstreckungsbefehle des Königlichen Amtsgerichts in Lewin vom 23. März 1911 in Höhe der vollen Forderung von 2163 ℳ 86 ₰ und 4 Hundertstel Zinsen seit dem 1. Januar 1911 und in Höhe der 18 ℳ 50 ₰ Kosten des Zahlungs- und Vollstreckungsbefehls für unzulässig zu erklären,
2. die in Höhe dieses Betrages in Sachen des Beklagten gegen den Kläger (Aktenzeichen B 49/11) am 17. August 1912 durch den Gerichtsvollzieher Mager in Lewin bei dem Kläger vorgenommene Zwangsvollstreckung aufzuheben,
3. die Kosten des Rechtsstreits dem Beklagten aufzulegen und das Urteil, nötigenfalls gegen Sicherheitsleistung, für vorläufig vollstreckbar zu erklären.

Der Beklagte erwirkte gegen den Kläger einen Vollstreckungsbefehl des Königlichen Amtsgerichts in Lewin vom 23. März 1911 in Höhe von 2163 ℳ 86 ₰ nebst 4 Hundertstel Zinsen seit dem 1. Januar 1911 und 18 ℳ 50 ₰ Kosten. Ende März 1911 wurde über das Vermögen des Klägers das Konkursverfahren eröffnet, und im Prüfungstermin wurde die Forderung des Beklagten als zu Recht bestehend festgestellt.

Demnächst machte der Kläger den aus der Anlage ersichtlichen Zwangsvergleichsvorschlag vom 22. Juli 1911, wonach die nicht bevorrechtigten Konkursgläubiger 25 Hundertstel ihrer festgestellten

Forderung erhalten sollten. Die Zahlung sollte nach Rechtskraft des Zwangsvergleichs und Genehmigung des Verteilungsplans durch den Konkursverwalter Kaufmann Hanke in Lewin erfolgen. Der Feldgärtner Heinrich Ringel in Hallatsch übernahm die selbstschuldnerische Bürgschaft für die Erfüllung des Zwangsvergleichs und verpflichtete sich, die zur Durchführung des Zwangsvergleichs erforderliche Summe dem Konkursverwalter spätestens am Tage des Vergleichstermins zur Verfügung zu stellen.

Der Beklagte erteilte dem Konkursverwalter Hanke Vollmacht zur Annahme des Zwangsvergleichsvorschlages. Der Zwangsvergleich kam zustande, wurde vom Amtsgericht bestätigt und wurde rechtskräftig.

Beweis: Die Konkursakten N 5/11 des Amtsgerichts in Lewin.

Der Bürge Ringel zahlte seinem Versprechen gemäß am Tage des Vergleichstermins die Vergleichssumme an den Konkursverwalter Hanke, dieser aber hat das Geld unterschlagen und ist flüchtig geworden, wie gerichtsbekannt ist.

Darauf ließ der Beklagte am 17. August 1912 auf Grund des erwähnten Vollstreckungsbefehls wegen 2163 ℳ 86 ₰ Hauptforderung nebst 4 Hundertstel Zinsen seit dem 1. Januar 1911 und wegen 18 ℳ 50 ₰ Kosten bei dem Kläger durch den Gerichtsvollzieher pfänden.

Beweis: Vorlegung des Pfändungsprotokolls.

Diese Zwangsvollstreckung ist zu Unrecht erfolgt. Da der Bürge dem Zwangsvergleiche gemäß die Vergleichssumme an den Konkursverwalter zur Zahlung an die Gläubiger abgeführt hat, sind die Konkursgläubiger, also auch der Beklagte, vergleichsmäßig befriedigt.

Rechtsanwalt A.

Anlage.

Kudowa, am 22. Juli 1911.

Zu den Konkursakten Robert Hahn in Kudowa.

Behufs Beendigung des über mein Vermögen anhängigen Konkurses unterbreite ich dem Königlichen Amtsgericht nachstehenden Zwangsvergleich.

Die nicht bevorrechtigten Konkursgläubiger sollen gegen Verzicht auf den Ausfall, den sie durch den Konkurs und den Zwangsvergleich erleiden, 25 % ihrer festgestellten Forderungen erhalten. Die Zahlung erfolgt nach eingetretener Rechtskraft des Zwangsvergleichs und Genehmigung des Verteilungsplans durch den Konkursverwalter Kaufmann Hanke in Lewin. Für die Erfüllung dieses Zwangsvergleichs übernimmt der Feldgärtner Heinrich Ringel in Hallatsch die selbstschuldnerische Bürgschaft und verpflichtet sich, die zur Durchführung des Zwangsvergleichs erforderliche Summe dem Konkursverwalter spätestens am Tage des Vergleichstermins zur Verfügung zu stellen.

Ich bitte das Weitere geneigtest zu veranlassen und einen möglichst nahen Vergleichstermin anberaumen zu wollen.

Hochachtungsvoll

gez. Robert Hahn.

Den vorstehenden Zwangsvergleichsvorschlag erkläre ich für annehmbar.

gez. Hanke, Konkursverwalter.

Klagebeantwortung.

Glatz, am 15. September 1912.

Der Beklagte beantragt,

die Klage abzuweisen, die Kosten des Rechtsstreits dem Kläger aufzulegen und das Urteil für vorläufig vollstreckbar zu erklären.

Die tatsächlichen Anführungen der Klage werden nicht bestritten.

Rechtsanwalt B.

Fall 29.

Olbrich gegen Schubert.

Klage

des Redakteurs Georg Olbrich in Glatz
gegen
den Redakteur Franz Schubert in Münsterberg
wegen Schadenersatzes.

Glatz, am 10. Oktober 1912.

Der Kläger beantragt,

den Beklagten zu verurteilen, an den Kläger 9 ℳ 80 ₰ und 4 Hundertstel Zinsen seit der Klagezustellung zu zahlen, die Kosten des Rechtsstreits dem Beklagten aufzulegen und das Urteil für vorläufig vollstreckbar zu erklären.

Der Kläger ist Redakteur der in Glatz erscheinenden Zeitung „Der Hausfreund" und veröffentlichte als solcher in der am 21. August 1912 erschienenen Nummer 63 dieser Zeitung den anliegenden, von ihm verfaßten Artikel „Kriegsmäßige Sanitätskolonnenübung in Camenz".

Beweis: Zeugnis des Buchdruckereibesitzers Reichelt in Glatz.

Der Artikel wurde zunächst in Nr. 188 des „Breslauer Tageblatts" nachgedruckt. Von hier übernahm ihn der Beklagte, der Redakteur des in Münsterberg erscheinenden „Volksblattes für Stadt und Land" ist, und druckte ihn unbefugt in Nr. 67 dieser Zeitung nach, die am 23. August 1912 erschienen ist.

Beweis: Eideszuschiebung.

Wenn auch der Kläger den Artikel nicht mit dem Vorbehalt der Rechte versehen hatte, so war doch der Nachdruck verboten, da der Artikel eine Ausarbeitung unterhaltenden Inhalts ist.

Beweis: Gutachten des Chefredakteurs Albert Hamann des Fachblattes für das gesamte Zeitungswesen in Hannover.

Der Kläger verlangt als Schadensersatz das übliche Schriftstellerhonorar, nämlich 5 ₰ für die Zeile, also für den in der Nummer des Volksblattes 196 Zeilen umfassenden Artikel 9 ℳ 80 ₰. Die Angemessenheit des Betrages wird Hamann begutachten.

Rechtsanwalt A.

Anlage.

Kriegsmäßige Sanitätskolonnen-Übung in Camenz.

Camenz, 20. August. „Krieg im Frieden!" Heute fand hier die kriegsmäßige Übung der Camenz benachbarten Vaterländischen Frauenvereine und Sanitätsformationen vom Roten Kreuz statt. Die Frühzüge brachten die einzelnen Kolonnen, die mit Trommelschlag und Pfeifenklang zum Übungsplatze an der Reichensteinerstraße zogen. Es waren durchweg wohlausgerüstete Kolonnen in strammer Haltung. Außerordentlich schmuck boten sich die Abteilungen der Frauenvereine in der vorgeschriebenen

Tracht dar. An der Übung nahmen teil die Vaterländischen Frauenvereine (Zweigvereine) Frankenstein, Glatz, Grottkau, Münsterberg, Neiße, Neurode und Reichenbach unter Oberleitung der Frau Geheimrat Borchert-Glatz, mit insgesamt 49 Damen, 29 Herren und 30 geprüften Helferinnen, ferner die Rote Kreuz-Formationen: a) Genossenschaften freiwilliger Krankenpflege im Kriege: Altheide, Glatz, Neurode; b) Freiwillige Sanitätskolonnen vom Roten Kreuz: Camenz, Frankenstein, Neiße, Friedland, Langenbielau, Oberpeilau, Patschkau und Reichenbach mit insgesamt 12 Ärzten, 17 Führern, 258 Mann. Es hatten sich ferner eingefunden Deputationen von Ärzten, Führern und Mannschaften der Kolonnen von Görlitz, Liegnitz, Breslau, Oels, Waldenburg, Trebnitz u. a.

Für die Übung war folgende Generalidee gegeben: „Camenz, in der Nähe des Operationsgebiets gelegen, ist überfüllt. Die Nachbarkolonnen und die Genossenschaftsverbände freiwilliger Krankenpfleger im Kriege erhalten den Befehl, Notunterkunftsräume zu schaffen, die Überführung der Verwundeten und Kranken in dieselben, sowie Verbandswechsel und Krankenpflege vorzunehmen und transportfähige Verwundete und Kranke auf improvisierten Wagen weiterzubefördern."

Zur Ausführung dieser Generalidee waren im Laufe des Vormittags die Kolonnen aus Neiße, Friedland, Patschkau und Glatz eingetroffen, welche unter dem Kommando des Kolonnenarztes Dr. Tannert-Neiße um 9 Uhr vormittags die Vorbereitungen zum Zeltbau trafen und denselben, vom besten Wetter begünstigt, um 9 Uhr 40 Min. begannen. Mitten auf dem Übungsgelände stand ungefähr um 10 Uhr 30 Min. die Zeltstadt fertig, bestehend aus dem Verbandszelt Nr. 87, dem Verwundetenzelt, der Lagerwache und dem Krankenzelt. Sofort nach Fertigstellung räumte der Verband Glatz die Betten und das übrige Material in das Krankenzelt, welches 11 Uhr 30 Min. als zur Aufnahme bereit bezeichnet werden konnte. Gegen 11 Uhr trafen die Helferinnen und Vorstandsdamen vom Roten Kreuz aus Grottkau, bald darauf die aus Frankenstein, nach 12 Uhr die übrigen aus Reichenbach, Oberpeilau und Langenbilau ein. Camenz hatte durch den lebhaften Verkehr ein ganz anderes Bild erhalten. Automobile und Wagen kreuzten das reichgeflaggte schöne Dorf.

Um 1 Uhr standen die Kolonnen in Paradeaufstellung an der großen Friedenseiche. Die Gesamtstärke der anwesenden Mannschaften betrug über 350. Sofort wurde die Absperrung des großen Platzes durch ein Kommando von 65 Mann des Schlesischen Fußartillerie-Regiments Nr. 6 aus Neiße vorgenommen. Gegen 2 Uhr trafen Prinz und Prinzessin Friedrich Wilhelm von Preußen in Begleitung des Oberpräsidenten Dr. von Günther, des Regierungspräsidenten von Baumbach und des Korpsarztes des VI. Armeekorps, Generalarztes Dr. Leopold auf dem Übungsgelände ein. Sie wurden von dem Empfangsausschusse, welcher aus Landrat von Steinmann-Glatz, Bürgermeister Dr. Franke-Neiße und Dr. Schulz-Camenz bestand, empfangen. Prinzessin Agathe wurde von Frau Bürgermeister Dr. Franke-Neiße begrüßt. Es folgte nun die Vorstellung der geladenen Ehrengäste, der Vorstandsdamen der Vaterländischen Frauenvereine und der für den Feldzug geprüften Helferinnen. Hierauf trat der Prinz auf die Kolonnen zu und empfing aus den Händen des die Paradeaufstellung befehligenden Kolonnenarztes Dr. Tannert-Neiße den Frontrapport, während der Frau Prinzessin in weißer Ledermappe ein elegant ausgestattetes Programm überreicht wurde. Nunmehr erteilte der Prinz den Befehl zur Übung. Der spezielle Befehl lautete wie folgt:

„Die im Laufe des Vormittags angekommenen Schwerkranken sind bereits in das Krankenzelt überführt und vom Verbande Glatz in Pflege genommen worden. Zu dieser Stunde traf die Nachricht ein, daß von der Station Baitzen 24 zum größten Teile Schwerverwundete auswaggoniert worden sind und der sofortigen Überführung in die Notunterkunftsräume bedürfen. Die Kolonne Frankenstein (Leitung Dr. Langner) erhält den Auftrag, die Kolonnen Frankenstein, Oberpeilau und Reichenbach in Stärke von 120 Mann zu einer kriegsmäßigen Transporttruppe zu vereinigen, mit 24 Tragen auszurüsten und von der Station Baitzen in das Verbindezelt zu überführen. Dort soll der Verbandswechsel vorgenommen und dann die Verwundeten in das Verwundetenzelt transportiert werden. Zum Weitertransport werden Wagen benutzt, die von der Kolonne Neurode sachgemäß zu improvisieren sind. Nach Ausführung dieses Planes sollen die Vaterländischen Frauenvereine mit Unterstützung der Helferinnen die Speisung von 400 Mann vornehmen."

Es erfolgte nun zunächst eine Besichtigung des Krankenzeltes, gestellt von dem Verbande Glatz unter Dr. Kronheim-Glatz. Darin wurden acht Fälle der Krankenpflege demonstriert. Dann besichtigten die hohen Herrschaften die Wagenimprovisationen, welche in äußerst geschickter Weise an fünf Wagen durch den Verband Neurode dargestellt wurden. Mittlerweile traf der kriegsmäßige Transport der an der Baitzener Straße Verwundeten unter Leitung der Ärzte Kreisarzt Dr. Langner-Frankenstein, Dr. Mikule-Oberpielau und Dr. Bauke-Altheide ein und wurde sofort zum Verwundetenzelt geleitet und hier von Sanitätsrat Dr. Wolff-Frankenstein in Empfang genommen, der Verband gewechselt und dabei die Mitglieder der Kolonne durch Generalarzt Dr. Leopold einer eingehenden Prüfung unterzogen. Die Verwundeten kamen entweder in das Krankenzelt, oder sie wurden zum Weitertransport durch die improvisierten Wagen zu deren Halteplatz gebracht.

Nachdem die Zeltstadt besichtigt war und man die Übungen dort beobachtet hatte, begab sich der Prinz mit Gemahlin und Gefolge zu den Neuroder Kolonnen, um die Einwaggonierung der Verwundeten zu besichtigen. Auf den Kommandeurruf hin versammelten sich darauf die Ärzte, Führer und Mannschaften zur Kritik, welche in der Nähe der Friedenseiche stattfand. Generalarzt Dr. Leopold nahm das Wort zur Kritik und sprach allen Führern und Mannschaften Anerkennung für die prächtigen Leistungen aus. Hierauf sprach der Oberpräsident v. Günther in seiner Eigenschaft als Territorialdelegierter der Kolonnen ebenfalls seinen Dank aus und betonte, daß es ihm eine besondere Freude sei, ihnen zu verkünden, daß von Allerhöchster Stelle der Übung Aufmerksamkeit und Anerkennung gezollt werde. Demzufolge habe er den Auftrag, dem Kaufmann Josef May-Neiße und den Ärzten Dr. Mikule-Oberpeilau und Dr. Schulze-Camenz die Rote Kreuzmedaille dritter Klasse zu überreichen. Nunmehr sprach im Namen aller Kolonnen Bürgermeister Dr. Franke-Neiße dem Prinzenpaare für den Besuch den Dank aus und gab dem Wunsche Ausdruck, daß das Prinzenpaar auch in Schlesien der so mächtig aufblühenden Sache des Roten Kreuzes sein Wohlwollen schenken möge. Der Prinz antwortete, indem er für die Ovation dankte. Er sei erfreut, die Kolonnen in so starker Zahl, in so opferwilliger, so umsichtiger und so geschickter Arbeit zu sehen. Er glaube, daß die Kolonnen, welche zum guten Teil aus gedienten Soldaten bestünden, den freiwilligen Dienst als einen Dienst für Vaterland und König ansähen. Er spreche daher als Kamerad zu ihnen allen und bitte die Kolonnen, in ihrem Bestreben, dem Vaterlande und dem König zu nützen, unentwegt fortzufahren, damit sie fähig seien, die großen Aufgaben des Roten Kreuzes zu erfüllen. Er hatte alle Kolonnen vom Geiste der Vaterlandsliebe durchglüht und fordere daher alle Kameraden auf, in den Jubel- und Huldigungsruf auf den König und

Kriegsherrn einzustimmen. Brausend erklang das „Hurra" auf den Kaiser.

Die Kolonnen versammelten sich darauf zur kriegsmäßigen Speisung durch die Damen der Vaterländischen Frauenvereine und die Helferinnen, unterstützt von 25 Mann der Sanitätskolonnen. Die Speisen waren in sogenannten schwedischen Kochkisten hergestellt. Nach 4 Uhr endete die Speisung, dann räumten sämtliche Kolonnen den Platz und marschierten in geschlossenem Zuge in das Hotel „Adler", wo im Garten noch gemütliche Zusammenkunft stattfand.

Klagebeantwortung.

Glatz, am 23. Oktober 1912.

Der Beklagte beantragt,

die Klage abzuweisen, die Kosten des Rechtsstreits dem Kläger aufzulegen und das Urteil für vorläufig vollstreckbar zu erklären, im Falle der Verurteilung des Beklagten aber ihm nachzulassen, die Zwangsvollstreckung durch Sicherheitsleistung abzuwenden.

Der Abdruck des Artikels war nach dem Gesetz erlaubt, da der Artikel als eine Ausarbeitung unterhaltenden Inhalts nicht angesehen werden kann. Dies wird der Vorsitzende des Reichsverbandes der deutschen Presse, Adolf Volkmer in Düsseldorf, begutachten.

Der Beklagte widerspricht der Vernehmung des Chefredakteurs Hamann als Sachverständigen, weil der Kläger bereits vor der Klageerhebung den Rat des Hamann in dieser Angelegenheit eingeholt hat.

Rechtsanwalt B.

Fall 30.

Reimann gegen „Hausfreund".

Klage

der Obermeisterswitwe Marie Reimann geb. Friemel
in Schwientochlowitz
gegen
den Verlag des „Hausfreunds", G. m. b. H. in Glatz,
vertreten durch den Geschäftsführer Rudolf Nowak in Glatz,
wegen Zahlung einer Versicherungssumme.

Glatz, am 2. Oktober 1912.

Die Klägerin beantragt,

die Beklagten zu verurteilen, 300 ℳ und 4 Hundertstel Zinsen seit dem 10. Januar 1912 an die Klägerin zu zahlen, die Kosten des Rechtsstreits der Beklagten aufzulegen und das Urteil für vorläufig vollstreckbar zu erklären.

Der am 31. Dezember 1911 verstorbene Ehemann der Klägerin, der Obermeister Artur Reimann, war durch 13 Jahre hindurch bis zu seinem Tode Abonnent der im Verlage der Beklagten erscheinenden Zeitung „Hausfreund" und hat die Abonnementsbeiträge stets pünktlich bezahlt.

Beweis: Zeugnis der Zeitungsausträgerin Josefa Dworatzek in Schwientochlowitz.

Mit dem Abonnement der Zeitung ist eine Unfallversicherung verbunden, wonach der Zeitungsverlag bei einem Unfalle des Abonnenten, der dessen Tod zur unmittelbaren Folge hat, 300 ℳ an die Witwe zu zahlen hat.

Die Klägerin fordert Zahlung der Versicherungssumme, da ihr Ehemann unmittelbar an den Folgen eines Unfalls gestorben ist. Er verunglückte am 30. Dezember 1911 nachmittags 4 Uhr im Betriebe der Johann-Baptista-Hütte, bei der er als Obermeister angestellt war, ohne jede Schuld, indem ihm ein glühendes Eisenstück ins Gehirn drang. Das Herz blieb noch bis zum 31. Dezember vormittags 11 Uhr in Tätigkeit, die Besinnung aber kehrte bis zum Tode nicht mehr wieder.

Beweis: Zeugnis des Hüttenarbeiters Johann Bregulla in Schwientochlowitz und Gutachten des Arztes Dr. Scholz ebenda.

Die Klägerin zeigte am 1. Januar 1912 den Unfall der Beklagten brieflich an und forderte am 9. Januar 1912 die Zahlung der Versicherungssumme, die Beklagte lehnt aber die Zahlung ab.

Rechtsanwalt A.

Klagebeantwortung.

Glatz, am 15. Oktober 1912.

Die Beklagte beantragt,

die Klage abzuweisen, die Kosten des Rechtsstreits der Klägerin aufzulegen und das Urteil für vorläufig vollstreckbar zu erklären.

Die Beklagte bestreitet, daß der Ehemann der Klägerin für das letzte Vierteljahr von 1911 den Hausfreund abonniert habe. Ein Bezugsschein für dieses Vierteljahr ist der Beklagten nicht zugegangen, die Gewährung der Unfallunterstützung ist aber von der Beklagten ausdrücklich davon abhängig gemacht, daß die Abonnenten den Bezugsschein bis zum 14. des ersten Vierteljahresmonats dem Zeitungsboten übergeben.

Die öffentliche Bekanntmachung der Unfallunterstützung erfolgt in der letzten Zeitungsnummer eines jeden Vierteljahrs, und zwar auf der ersten Seite in auffälligem Druck. Die Bekanntmachung hat den aus der Anlage ersichtlichen Wortlaut und ist in diesem Wortlaut auch in der hier in Betracht kommenden Nr. 39 des Hausfreunds veröffentlicht. Auch ein Exemplar des in der Bekanntmachung erwähnten Bezugsscheins wird der Anlage beigefügt.

Die Beklagte ist überdies der Ansicht, daß es sich bei dieser allgemein versprochenen Unfallunterstützung nur um ein freiwilliges Geschenk handelt, auf dessen Auszahlung kein Rechtsanspruch besteht.

Rechtsanwalt B.

1. Anlage.

Achtung! Achtung!

Der Bezugsschein für das vierte Vierteljahr 1911 ist in der 2. Beilage dieser Nummer eingedruckt.

Bezugspreis vierteljährlich durch die Post oder durch Boten 1,25 ℳ. Einzelpreis jeder Nummer 10 ₰.

Im Interesse aller unserer Leser halten wir es für unsere Pflicht, vor Beginn eines neuen Vierteljahres erneut auf die

Unfallunterstützung

aufmerksam zu machen, die bekanntlich den Hinterbliebenen unserer Abonnenten bedingungsweise von uns als freiwilliges Geschenk gewährt wird, falls letztere einen Unfall erleiden, welcher den Tod zur unmittelbaren Folge hat. Bis jetzt wurden im ganzen 241205 ℳ an Unfallunterstützungen ausgezahlt.

Zu diesem Zwecke sind auch für das vierte Vierteljahr 1911 wieder

15000 Mark

vom Verlage bereitgestellt, und zwar zahlen wir, falls einem unserer Abonnenten vom 1. Oktober bis 31. Dezember 1911 ein Unfall begegnen sollte, der binnen zehn Tagen den Tod zur unmittelbaren Folge hätte, seiner Ehefrau oder, wenn diese nicht mehr lebt, seinen ehelichen Kindern oder, wenn keine vorhanden sind, seinen leiblichen Eltern, sobald die erforderlichen Papiere von uns geprüft worden sind, 300 ℳ geschenkweise aus unter nachfolgenden

Bedingungen.

1. Jeder Abonnent, welcher den „Hausfreund“ durch einen Zeitungsboten bezieht, hat den in der zweiten Beilage der heutigen Nummer eingedruckten Bezugsschein auszuschneiden, eigenhändig mit Vor- und Familiennamen zu unterschreiben, auch den Tag der Ausfertigung, den Wohnort und sein Alter darauf anzugeben und diesen Schein spätestens bis zum 14. Oktober 1911 dem Zeitungsboten zu übergeben. Abonnenten, welche den „Hausfreund“ durch die Post beziehen, haben den Bezugsschein uns franko im Brief bis zu vorgenanntem Termine zu übersenden. Später eingehende Bezugsscheine werden nicht berücksichtigt.

2. Im Laufe des Vierteljahres neu hinzutretende Abonnenten haben den Bezugsschein für das laufende Vierteljahr, den zu beschaffen ihre Sache ist, sofort bei Beginn des Abonnements dem Zeitungsboten ausgefüllt zu übergeben, sonst kann ihnen Unterstützung im Laufe des Vierteljahres nicht gewährt werden.

3. Treten Unfälle in der Zeit vom 1. bis einschließlich 14. Oktober 1911 ein, so muß, um Unterstützung erlangen zu können, der Bezugsschein des dritten Vierteljahres 1911 dem Zeitungsboten oder dem unterzeichneten Verlage seinerzeit rechtzeitig eingeliefert sein.

4. Der Tod des Verunglückten muß dem Verlage des „Hausfreund“ innerhalb drei Tagen von den Angehörigen des Verstorbenen gemeldet werden. Ferner sind uns sobald als möglich einzusenden: a) eine Sterbeurkunde, b) eine Bescheinigung der Ortspolizei, des Gemeindevorstehers oder des Arbeitgebers, daß ein Unfall vorliegt, und wodurch er entstanden ist, c) eine ausführliche ärztliche Bescheinigung, daß der Tod eine unmittelbare Folge dieses Unfalls ist, d) eine Bescheinigung des Zeitungsboten, daß der Verstorbene den „Hausfreund“ bis zu dem Unfalle regelmäßig bezogen hat, und, falls es sich um einen im Laufe des Vierteljahres neu hinzugekommenen Abonnenten handelt, daß dieser mindestens 21 Tage vor dem Unfall Abonnent des „Hausfreunds“ gewesen ist. Bei denjenigen Abonnenten, welche den „Hausfreund“ durch die Post beziehen, ist statt der Bescheinigung des Zeitungsboten die Postquittung beizufügen.

Zum Schluß wird noch besonders darauf hingewiesen, daß nur bei genauer Erfüllung sämtlicher vorstehenden Bedingungen eine Auszahlung der Unfallunterstützung erfolgt. Wir ersuchen daher alle unsere geschätzten Abonnenten in deren eigenem Interesse, den auf der vierten Seite der zweiten Beilage befindlichen Bezugsschein vorstehenden Bedingungen entsprechend baldmöglichst eigenhändig auszufüllen und dem Zeitungsboten bis zum 14. Oktober 1911 zur Ablieferung an uns zu übergeben.

Der Verlag des „Hausfreunds", G. m. b. H. in Glatz.

Anlage 2.

Bezugsschein.

Unterzeichneter abonniert für das 4. Vierteljahr 1911 auf 1 „Hausfreund" bei Einzelbezahlung der wöchentlich erscheinenden Nummern.

Wohnort und Tag der Ausfertigung: ....

Vor= u. Familiennamen: ....

Straße und Hausnummer: ....

Stand: ....

Alter: ....

(Rückseite des Bezugsscheines.)

Achtung!
Bezugsschein!

Derselbe ist auszuschneiden, auf umstehender Seite von dem Abonnenten eigenhändig auszufüllen und spätestens bis zum 14. Oktober 1911 dem Zeitungsboten zu übergeben, oder, falls der Abonnent den „Hausfreund" durch die Post bezieht, in frankiertem Brief an den Verlag des „Hausfreund", G. m. b. H. in Glatz, zu senden.

Entgegnung der Klägerin.

Glatz, am 25. Oktober 1912.

Die Klägerin gibt zu, daß es unterlassen worden ist, den Bezugsschein für das vierte Vierteljahr 1911 der Zeitungsbotin Dworatzek auszuhändigen. Daran ist aber allein die Botin schuld. Sie hat nämlich während der langen Zeit, in welcher der Verstorbene Abonnent des „Hausfreunds“ war, jedes Vierteljahr den Bezugsschein eingefordert und erhalten, nur Anfang Oktober 1911 ist dies nicht geschehen, weil sie ausnahmsweise in dieser Zeit die Zeitungen durch Kinder von 8 bis 10 Jahren hat austragen lassen, und diese bei einem großen Teil der Abonnenten, so auch bei dem Ehemanne der Klägerin, die Einforderung der Bezugsscheine versäumt haben.

Beweis: Zeugnis der Dworatzek.

Es ist auch zu bezweifeln, ob die Bestimmung, auf welche die Beklagte die Ablehnung stützt, überhaupt beachtlich ist. Einen vernünftigen Zweck kann sie kaum haben. Die allermeisten abonnieren auf den „Hausfreund“ nur deshalb, um gegen Unfall versichert zu sein; auf die Zeitung legen sie keinen Wert.

Rechtsanwalt A.

Herrosé & Ziemsen, G. m. b. H., Wittenberg.

FSC
www.fsc.org
MIX
Papier | Fördert
gute Waldnutzung
FSC® C083411

Kolibri 360 GmbH
Ferdinand-Jühlke-Straße 7
99095 Erfurt, Deutschland
produktsicherheit@kolibri360.de